朱小蔓——著

第四卷 情感教育论纲

朱小蔓文集

北京师范大学出版集团
BEIJING NORMAL UNIVERSITY PUBLISHING GROUP
北京师范大学出版社

《情感教育论纲》（第3版）自序

拙著《情感教育论纲》（简称《论纲》）第1版自1993年10月面世，距今已26年了。那是我刚从莫斯科大学哲学系做访问学者归国之时，我带着几大箱俄文书籍资料再次乘坐五天六夜的国际列车，兴致勃勃，信誓旦旦，满心憧憬着即将开始一段专心致志做学问，开启情感教育研究的新的学术人生之旅。我设想归国做的第一件事即是加工出版博士论文《情感教育论纲》。该书第1版的印数不多，出版两年后在市场上就已售罄。在我的学生们和基层中小学教师的要求下，2007年由人民出版社支持出版了第2版，同时借此在北京举办了一个小型的有关情感教育的国际研讨会，国内关心情感教育研究的学者（如张志勇），国外学者、欧洲情感教育联盟创始人、英国华威大学皮特朗及他的合作者，还有恰逢来首都师范大学参加教育现象学国际研讨会的加拿大学者马克思·范梅南，时任教育部基础教育司司长王定华等以及我的一批热爱情感教育研究的学生来北京参加了首发活动和之后的研讨会。《论纲》第2版增加了再版自序，附录部分增加了新的情感教育模式（如抗挫教育模式、关怀教育模式），还有2005年皮特朗专程陪我去英国访问几所大学（伦敦大学、布里斯托大学、沃威克大学）期间，到中小学现场观察、亲身体验的"圆圈活动"教育模式。但第2版很快又在市场上脱销了。2010年我患病接受手术，在病中继续承担并完成国家基础教育课程改革标准修订工作。2012年3月又接受重任，挑起国家初中《道德与法治》教材总主编担子。由于历时长、编写任务复杂繁重，联系人民出版社加印《论纲》一事完全无暇顾及而一拖再拖，差不多又延搁了 10 年之久。

我从 1994 年开始再度陷入身不由己的"双肩挑"的尴尬境地，特别是 2002 年至 2010 年，我经历了两次大的工作变动（我从南京师范大学副校长岗位调任中央教育科学研究所所长兼党委书记，以及届满后 2008 年年初被教育部党组任命，由时任联合国教科文组织总干事长松浦幌一郎签署下令，到从河北保定迁址到北京师范大学的联合国教科文组织国际农村教育研究与培训中心担任主任），都需要全力以赴、满负荷地投入热情与心血于新的职业岗位。因此，较长一段时间里，情感教育研究依然还是像我在南京师范大学任副校长时期那样只能是业余时间里的专业"边角活"，沉潜思考的机会不多，持续深入研究进展缓慢，尤其是调到北京工作后的前几年。但我的内心却几乎一天也没有忘记这个自己主动选择、酷爱甚至有些痴迷的专门领域，而且，常常会自觉不自觉地用"情感"之眼去"看"教育、"评"教育、"做"教育，初心不改、习性难移。

回想 1989 年至 1990 年我决定以情感教育为主题做博士论文的原因，一方面是因为我写作硕士论文《道德情感简论》意犹未尽，收集的材料也远未吃透。更为主要的一方面是因为：自己由哲学伦理学界转入教育学界，与前者不同的是，教育学必须直面教育的实际问题，尤其是基础教育的真实状况，关心和研究现实中人的成长，需要不间断地去中小学和幼儿园观课、访谈、交流。一线教师对当时已经露出端倪的应试至上、分数挂帅，学校教育中对人的生命关怀的缺失等已经有所警觉。那些有良知的一线教师，以及在课堂感受得到的种种忽略孩子情感发育，甚至伤害孩子情感的现实刺激和触动着我。生活图景与当时所查找阅读的资料不断撞击我的良知和责任感，促使我用哲学——教育哲学的方式，以历史的、文化的、多学科的知识综合透视、分析的方式，回应、论证情感对于人的生命、身心正常良好发育的关系，利用各个学科知识论证情感与人的认知发展之间相互促进且协调发展的关系（这个论域当时在教育学界几乎是空白），促使我从那些用心做教育的基层学校及优秀教师们那里寻找鲜活适切的案例。于是我决心从心理学、人类学、文化学、脑科学、美学、科学史以及既有教育的成功实践中去梳理、挖掘证据，编织并初步论证出一个"情感教育"的框架性理念、思路，并据此构想将其用于教育实践的大致方向、要旨和路径。

从那时起，近30年来，我虽断断续续，但却对这一论域保持着始终如一的兴趣、热爱和敏感，尤其是自1994年带教硕士生，1996年带教博士生以来，他们的论文大多选择了或近或远与此相关的主题，从而将当初自己的一个教育哲学认识框架逐步向教育学科的各个分支领域扩展和细化。我特别欣慰与感谢历年来的博士生，还有早年的硕士生与我一起将情感教育的论域伸展了，讨论的话题日渐扩充了；我本人和学生在现实教育活动、教育场域中发现、关注、研究的问题点也越来越多了。如此，学生们便和我一起走进了这一学术殿堂，开垦出这片如今顽强生长在中国教育学术界的园地，竖起一块多少可以回应与诊断国内基础教育存在的问题的理论路标。"情感及其教育"，它作为我个人从事教育研究的一个"母细胞"的繁衍作用在很大程度上发生了。比如，由重视和开启情感教育研究到呼吁重视教师的情感人文素质（包括外显出的情感交往能力）；提炼一批学校情感教育的实践模式以丰富补充国内基础教育界的素质教育探索；由最初发现情感与生命内在而紧密的联系到日后介入国内兴起的生命教育实践及其研究；从关注个人情绪情感状态到敏感于基础教育课堂学生的智力活动状况；重视教师的认知教学如何关注和影响到人的情绪情感维度，使之协调发展从而构成完整的教育质量而不是偏狭的课堂教学效率，并且由此进入对我国第八次基础教育课程改革实践的思考。当然，于我个人的学术专长——所谓教育哲学，尤其是道德教育哲学来说更为根本的是：情感为什么是人的素质的要素之一甚至是最重要的基础？ 那是因为情绪、情感与人的德性发育密切相关，无论是其早发性，还是对情境的敏感性、互动性，尤其是它在人的特定关系中被引发、联结而产生的种种需求都与人对他人、对外部世界、对自己的反应习惯等相关，而且，它正与自己所从事的德育研究相关——可具体到学校德育、班级德育，德育课程、教材及其教与学的过程，尤其是个体德性生长发育等。 这样，便可以拓展原有德育研究的宽度，甚至探索进入未知领域，找到自己喜欢而现实又需要的一个个新的生长点。 说实话，我不熟悉，不适应，也不大喜欢以往教育学原理、德育原理之类学科的有些教科书，对于其中个体道德形成之机理语焉不详而一直心有未甘，所以希望以此啃下一块骨头，即尝试通过探索情感活动及其机理成为解决上述缺憾的一个突破口。 没想到它竟成为我的德育思想理论研究以及将其用于实践的着力方向和专攻重点。

遗憾的是，中国社会在追求现代化的过程中，城市化潮流迅猛，就业竞争激烈，人们的生存压力剧增，加之中国传统文化的深远影响，无孔不入地反映到教育领域，致使盲目追求升学率成为屡抑不止的无奈选择，从而关心人的情绪感受、情感发育，重视在教育教学过程中认知与情感相互辅助支撑、协同与协调发展这一标志着真正的、健全的教育质量的图景长时期不能得到彰显。 相反，学校生活中过度的学业负担刺激、加剧着孩子和成人的负性情绪，致使儿童的正向情绪、情感得不到自然、稳固地生长、奠基。 支持人格健全发育的理念除了由于一些校长、教师的努力而使部分学生幸免外，至今在基础教育界大面积的缺失仍相当严重。 其实，这不仅使人的健全发展遭受障碍，也导致学习活动本身效率不高，受益面不够，学生对学习活动本身的兴趣、热爱远远不足，或者是不该有的负性情绪过度，即便是所谓好学生，激发出的也往往是学习之外的、短暂一时的功利性热情和外部强加的意志力。

我相信，践行并在实际教育活动中深化情感教育研究正是对上述教育乱象的一种疗救。但回过头来看，从当年的设想到理论上、细节上虽不断有所扩展，实践中亦不断有所推动，但总体看其影响面远远不够，理解情感教育之重要、把握要义、能实际开展操作并有所收获者也不多。窃以为仍需要不断传播、解释、揭示其意义、要旨，既需要理论上进一步深化、细化，也需要在操作工艺上继续积极尝试、摸索，不断总结提炼。而这些又都建立在需要有更多的人了解什么是情感教育的基础上。从知晓开始，到认同和理解，从而有更多的人愿意踏踏实实付诸行动。此乃出版本书第3版之最主要的目的。

重版旧作对于自己来说，是重新认识人的发展、认识教育目的的过程，是不断拓展情感教育视域与论域的过程，也是对于研究情感的价值之信念与漫漫实践不断合一的过程。它还是不断重建自身的过程，即对于个人来说，这是个精神锻炼的过程，是变化心灵、陶冶气质的过程。2010年、2016年、2018年是个人生命的三次重要考验期。生命经历大病，就是生命历练的过程、情绪情感复杂起伏与瞬息多变的过程。那个时段总是痛苦的、难熬的，但经历之后又总是不免为自己庆幸并自足自豪，这是在完成自己心灵的净化与升华，希望由此走向自己追求的那种境界，走向自己真正的栖身之地。

当然，我希望这不是重新拾回一张旧船票，或"重复过去的故事"。20多年来，伴随我个人学术生命和学术研究的推进，1990年年初的思想萌芽毕竟也在不断嫁接、联结、对接中国教育问题及事件，不断伸展到新的研究领域、新的语境，在不少实践领域中得到了些许运用及解释。其中有些是通过陆续写出的五六十篇新的论文，更多的则是通过与基层学校的对话、演讲的PPT体现出来。它们大体上可以分为四大类：一是情感教育的基本理论。二是不同年龄孩子的情感发展及教育，如幼儿，低中高年段的小学生，中学生等。三是不同人群（如进城务工人员子女、留守儿童、残疾儿童、独生子女等）的情感状况及其教育。四是不同教育环境、教育形态中的情感教育，如学校环境、班级环境、家庭环境、情境教育、诗性教育等。我个人从 2008 年开始，在北京师范大学招收博士生，同时在南京师范大学还有一些在读的学生。这一阶段，由于工作岗位和带教学生群体的改变，我对情感教育的研究从原来基本上以哲学思维为主（也有个体经验），开始在研究对象上逐步扩展、丰富到不同群体的学生。在研究视角和理论上，因为受到美国当代关怀伦理学家、教育哲学家诺丁斯人际互动关系的启发，我关注互动双方的情感怎么去观察、重视、激发、辨识（这为后来 2014 年开始启动的由香港田家炳基金会资助支持的教师情感表达的项目提供了基础，在关系互动中激发情感，培育情感），受到苏霍姆林斯基"把全部的心献给孩子""情感不是人为可以命令的"等思想的启发，我关注学校环境、班级环境、少先队环境、教师的态度等构成的环境对学生情感的影响。还有新现象学认为的"个人的身体是被包裹在情感氛围之中的""情感就像是空气一样裹挟着人的身体"等观点也在不断丰富、推动我自己在这方面的思考，逐渐从过去关注个体意义发展情感扩展到从社会环境、关系等方面关注情感的发育。因此，这次再版，我又在第 2 版的基础上增加了最近 10 年我在理论研究和实践探索中总结、发现的新的情感教育模式，比如诗性教育模式、情趣教育模式、"情感交往"型课堂模式等。在附录中增补了与情感教育研究相关的访谈，特别增加了情感教育在实践中的应用及其成果的展示，这些实践成果有的已经持续很多年，一直在不断深入，有的是最近几年才开始做起来的。不管怎样，它们都是情感教育生命力的体现，也是实践努力的见证。

对情感教育的探索研究走到今天，虽然自己走得不快，中国社会、中国教育也远远未将情感教育思想做更多、更大的普及，但回顾过去这些年的理论研究和思想对话，我到各学校去实践，与老师们交流以及我自己的生命经历、体会都令我愈发地感觉到这个题目不仅没有过时，而且随着时代的发展，在与中国传统文化和中华民族精神的关联方面，在与西方近现代以来，特别是当代西方反思理性等新兴思想学说的契合方面，以及在回应当代中国社会变迁和时代发展与人的需求方面，不断焕发出新的生命力。这些都令我感到欣喜和振奋，也更加强化并坚定了我对自己 30 多年前开辟的这一研究领域的信心。

当然我们看到，尽管时间过去 30 多年了，但大到民族、国家、社会，小到组织、家庭乃至每一个具体的人身上，情感的缺失以及由情感问题而衍生的各种问题和困惑不仅没有得到很好的弥补和解决，而且新的问题还在不断地涌现，越来越多、越来越复杂，不同人群、社会组织和层面在情感状况和特征上都有新的变化，所面临的情感和精神上的需求越来越多元、复杂，安顿、处理其中呈现出来的新的情感问题也变得越来越迫切。研究不同社会层面、不同年龄阶段人的情感状况，以多样而丰富的方式满足不同的情感需求等，都对情感教育提出了许多新的要求，也带来了新的挑战和机遇。站在新的历史时代，情感教育这个领域在贡献当代中国文化复兴、繁荣中国教育理论及其话语、自觉探索应对由社会发展所带来的新的需求和变化等方面依然具有重要的意义，对于情感教育的研究和实践也应该并且可以有更多、更丰富的议题和空间。

这些年，自己的工作明显显露出许多不足，比如：有些概念不周延、模糊，甚至模棱两可；有些命题矛盾，不彻底，自说自话，不少论述缺少充足的逻辑论证；对中国传统文化的情感思想知晓、理解、接续严重不足；对情感本身的理解虽是立于哲学高度的认识，但总是不免受到现代心理学的限制，自觉不自觉地会将其窄化。而后期专门确立和扩展的新的研究目标——情感文明，其概念本身尚待深入论证，其中包含的研究因子需要分化、厘清、梳理，它在教育学范畴内的研究课题也需要梳理……但我相信，情感教育是现代人情感文明建设的教育使命；情感文明是人类精神文明的核心。中国现代化进程已经走到如今这个该重视人的情感文明的历史发展阶段了。从每个生命的发育开始进行情感教育，这更是教育学者、教育工作者的使命！几年前，学生还调侃地说我的研究有些浪漫主义的色彩、不通时代实务（其实这倒是一种褒奖，相反，有不少人至今还将情感教育大大窄化为一种表浅的爱的教育或者仅是引发学习兴趣的教学手段）。我倒是觉得这也不错，不刻意逢迎，不跟风、赶时髦，而是依人的发展需要做研究，做自己认定和热爱的研究。当然，我更坚信，如此操心和忧思的方向一定是正确的——这是人类完善自身的必要之途，也正是中国从自己古老优秀的文化传统向现代化发展的必经之途。

学术上专攻一隅，往往演化为一家之言，或因偏狭而难以周全、深入。我深知，本人 30 多年的"双肩挑"的消耗已无法挽回和弥补。如今体力、脑力日衰，再做新的研究已力不从心。所幸一批中青年学者已经成长起来，有他们在，这个研究园地就不会荒芜，且一定会不断生长出新的果实来。

2017 年 10 月初稿于北京

2018 年 3 月修改于南京

2019 年 7 月定稿于南京

导　言 ✍

　　本书是我踏入教育研究领域后对主要关注方向的一个较为系统的总结。

　　我在做哲学—伦理学研究生时，之所以选择道德情感作为研究方向，是因为意识到在人类伦理和个体道德的精神大厦中，情感最具深沉、稳定和核心的特质。我决定在博士论文中继续思考情感问题，一是因为硕士论文言犹未尽，其中可探索之奥秘无穷；二是我意识到情感不仅对伦理道德问题，而且对认识教育之真谛，纠正当代教育中存在的一系列观念与实际问题，依然具有核心意义。这个想法得到我的导师鲁洁教授的鼓励和支持。

　　教育研究，首先是对在教育影响下人的发展的研究，为了促进人的发展，教育理论的使命是随着社会的发展，不断地运用新的科学知识和新的思维方式探索教育的运转机制。教育的运转机制可以分为两类：一是外部的结构，它研究教育与政治、经济、社会、文化等方面的关系；二是内在的结构，它研究教育内在的逻辑关系。人的情感与认知的相互影响规律正是教育内部过程最为关键的维度之一。

　　关于认知教育的意义、过程及其规律，由于 100 年来实验心理学对智力及学习过程的研究，其成果已陆续转化运用于教育实践，同时，教育理论对此的研究也随之逐渐丰满起来。相比之下，情感与情感教育的意义、过程及其规律，由于其复杂图景反映在方法上的特殊困难，直到 20 世纪 60 年代中期，情绪心理学的发展取得长足进步，形成了较为系统化的情绪理论，其拓展与深化才获得了十分宝贵的理论依据。 目前，国内的研究在情绪与脑，情绪、情感与认知活动，情感与道德行为，情绪与身心健康等方面已拥有了一批实证研究资料；在情感教学理论及其心理学基础方面，已有专门的研究成果；在幼儿、少儿情感培养，青少年情感问题方面也有一批经验型的研究报告；人们对情感教育的重要性，开始进行思想上的呼吁和理论上的探讨。 在国外，苏联重视从历史、文化出发，从人的生物本性与社会本性的相互影响研究情感，根据个性精神的发展水平看待情感的价值，强调理智感、道德感和审美感的统一，在一批著名的教育实验中，情绪理论、情感发展的年龄心理理论、"最近发展区"理论、"动机圈"理论、活动与主导活动方式理论得到运用。 在美国，20 世纪 60 年代初已有克拉斯沃尔的情感领域教育目标，罗杰斯的情感教学理论和情绪心理治疗的大量临床经验；20 世纪 70 年代以后人本主义心理学强调人的高峰情感体验，重视积极情调对生活、对人生的意义，认为爱是一种能力和艺术，在人文主义教育复兴运动中，相当一批学校先后开设情育课程；20 世纪 80 年代以来专门设立情感师范教育，培养善于进行情感教学、能对学生的情感素质施加影响的师资。 在瑞士，20 世纪 70 年代末以来日内瓦新皮亚杰学派提出人的发展的整合模式，认为情绪与逻辑思维过程相互作用，使概念中产生了情绪纬度，情感性（af fectivity）是认知发展的动力，调节认知结构的发展。 在日本，具有哲学眼光的教育家对完整的教育应包含情操教育做出理论阐述，主张从东西方文化传统论的结合来确立情操发展的价值体系。 在法国，有人提出要建立教育的精神生态学，探讨如何使人的情感方面与理智方面协调发展。 在德国，人文主义教育的传统和古典哲学传统使它们始终保持着对科学主义教育观的抗衡力量，尖锐、鲜明地以思辨哲学的武器强调情感对于人类生存、发展的本体意义。 我隐约感到，来自不同国家、不同文化传统的思想呼吁及来自不同专业领域的实证根据正在朝一个方向合流，并预示着将继续以更大的力量汇聚起来。这就是重视人的潜能的开发，重视人的内在心理结构的塑造，重视意志、情感在人的发展中的作用。但是，不同的文化背景、不同的专业研究需要互补。比如，有实证研究传统的国家对人的情绪发展强调实验依据的可靠性，因而对人的基本情绪研究多，对儿童情绪发展研究多，而对青少年，特别是对成人复杂的社会性情感，尤其是高级情操研究少；有思辨哲学传统或马克思主义传统的国家重视从价值的角度在人的发展及教育理论中给情感以地位，但又缺少微观、个体发展的动态过程的具体研究，特别是分散于各专业研究领域中的论述和资料并没有形成统一的情感教育理论。因此，我决定将自己接触到的包括教育大类在内的各门学科从不同角度探索情感奥秘的汇集线聚拢起来，初步整理、勾勒出一个理论框架，并由此呼吁："情感教育"受到世人重视的时代已经到来了！

需要说明，本书不是探讨如何以情感作为教育手段去推动教学和教育活动，而是论述为什么和如何把情感作为人的发展的重要领域之一，而对其施以教育影响。所谓情感教育，就是关注人的情感层面如何在教育的影响下不断产生新质，走向新的高度，也是关注作为人的生命机制之一的情绪机制，如何与生理机制、思维机制一道协调发挥作用，以达到最佳的功能状态。在传统教育中，或者把情感教育等同于审美教育，或者把它等同于德育，都不能涵盖情感教育的全部内涵。情感与人的生存发展的关系是多方面的，人的情绪机制参与人的对象化活动的一切领域和全部过程。当我们把活动概念作为全部教育理论的逻辑起点时，情感教育显然是一个辐射教育活动全域、全程的理论问题与实践问题。我必须强调的是，我们并不追求某种情感教育的实体性存在，即它既不与德、智、体、美、劳诸育的某育相对应，也不是五育之外的单独一育，而是作为教育意识、教育思想渗透于诸育之中，发挥黏合剂的作用，使原有分割的诸育实现功能性的统一。所以，研究情感教育也就是研究人的情感与人的生存发展的道德关系、认知关系、审美关系、价值关系如何取得最佳状态。从本质上说，情感教育论属于教育哲学的范围，因为教育哲学坚持对教育的理想世界做基本统一性的追求，它从真善美相统一的高度来研究教育思维与教育存在的关系。

本书有一定的理论框架，但不企求建立完整的体系，许多阐述目前还缺少确凿的实证根据。研究所用的具体方法主要是人文科学的实证方法，即经验实证的方法、历史的方法，其共同要旨是从情感教育的历史和现实经验中发现、感知、理解其中的内在关系，运用一些描述性指标，并尽可能地类型化。鉴于人类情感问题的复杂性，我以为只能兼收并蓄，多途径地吸纳各学科、各学派的研究成果，采取"移花接木"、知识迁移、认识转换等方法，这是我从事情感教育探索在研究策略上的一种选择。当然，从根本上说，这仍然是哲学的思考和哲学的方法。为什么要用哲学的方法？因为我们不仅要研究情绪、情感"是什么"，更重要的是探索"应该是什么""在怎样的思路下去操作"。科学，包括心理科学与逻辑学，不能自行产生一个根本的价值原理，在价值范围内，哲学将给我们很大帮助。哲学是人类理性对于那些迄今仍为确定知识所不能肯定的事物和现象的思考，哲学的任务主要是求得"一种经过推理所得的信仰"。皮亚杰提示我们，思想常常是先用哲学形式提出来，然后才科学地将其建立成更为精致的结构或使之经受系统科学的检验。什么是哲学的方法呢？黑格尔认为，唯一能成为真正的哲学方法的，正是内容自身所具有的，推动内容前进的辩证法。不能用知性，不能用形式逻辑的证明方法，而是用一种内在的证明。怀特海则认为，建立哲学的正确方法是构成一套思想的框架，然后坚定不移地探求用那套框架来解释经验。所有起构造作用的思想都受某种这样的框架的支配，即使没有被认识到，也并不减少它在指导想象方面的影响力。由于我缺少自然科学的雄厚基础，在教育史及教育理论方面也缺乏扎实的功力，只是一个一直未离开教育实践岗位而愿意坚持做一些教育思考的"两栖人"，因此，这一理论框架恐怕像是一张普罗克拉斯蒂的铁床，在这床上，经验事实被削足适履地塞进某一事先想好的模式之中。

亚里士多德在其《尼各马可伦理学》中指出，作品能够在动态中表现出潜伏于作者内心深处的东西。我是伴随着解放战争的炮火来到人世的。中华人民共和国70年的喜乐与忧愁、幸福与灾难、憧憬与困扰几乎主宰着我个人生活的全部情感波澜，在我40岁做人生最后一次选择时，有这样两个诱人的预言鼓舞着我，它们是："未来的伦理学是美学"和"21世纪最有前途的学科是生物学和教育学"。从一定意义上说，情感教育不正是探讨和解决人的生物学前提与社会本性的关系是如何通过教育而道德化和审美化的吗？教育基本理论，或者说其中德育理论本是我的专业方向，但是，在德育概念在扩展，智育疆界在延伸，它们（甚至包括我们通常说的五育）之间的界限越来越模糊的今天，我希望用自己的情感教育理论来沟通各育，深化德育。所以，文章尽管平淡无奇，倒也是多年来胸中涌动的情思。有人说："河流就是前进着的道路，它把人带到他们想要去的地方。"我希望，让我的研究流泻出自己对人生、对教育理解的思想小河，从此把我带到心仪之所，进行自愿的人生劳作。

目

录

第一章　情感：不容忽略的教育层面

　　情绪、情感是人类精神生活最重要的组成部分，是人类经验中最亲近的体验，也是人类行为中最复杂的感受。千百年来，人类智慧的众多领域从不同的视野关注它、探索它。

　　文学家笔下的"情"，是一个宽广的领域，既有丰富的情绪和情感表现，也有产生复杂情感的情境，更有千般妩媚、万种波澜的内心体验。如大文学家莎士比亚在自己的著作中提供了各种情欲的全部系统，包括了各种内心活动，从冷淡或者一般的喜悦直到强烈的愤怒与绝望。它为我们创造了一部精神史。哲学家思维中的情感是人生欲求的系统，它包括情欲（desire）、情绪（emotion）、感情（feeling）三个不同的层次。情欲是生理性质，情绪是心理性质，感情是社会性质，与热情具有同等的含义，它是人生的光热点、人生的原动力、人生的趣味之所在，它内在地蕴含着人生的哲理。社会学家重视人的情绪流向、情感氛围，把情感看作社会的敏感测试器。人类学家、文化学家视情感为人类的文化积淀，人类精神、信仰、制度、风俗、习惯最稳定的内核，关注的是情感表现方式的民族差异。心理学家把情感看作人的态度和体验，早期心理学由于缺少实验手段，已确立的概念是在伦理的、宗教的、哲学的观点的强烈影响下形成的。当代情绪心理学不仅以精密分析的仪器设备，运用多变量同步测量的方法将情绪研究推向实验研究领域，而且对前人的各种理论观点进行了较系统的整理、消化和吸收，并加以发展。情绪心理学的研究主要着眼于情绪的过程，对参与情绪产生的诸多因素之间相互作用的来龙去脉做出清晰的解释，它的成果是教育理论与实践最重要的根据。

教育学从人的全面发展的角度关注情绪、情感研究，认为它是一个不容忽略的教育层面，由于教育学既是关于人的发展的哲学思考，又是综合运用各种学科于人的发展的实际操作中的技术和艺术，因此，教育学对各不同学科关于情绪、情感研究的全部科学发现都感兴趣，并在总结人类教育的思想行程与经验教训的基础上试图建立起情感教育的目标构想、教育设计，探寻教育作用得以实现的内、外部条件与机制。

本书所使用的"情感"术语，相当于情绪心理学的"感情"（affect）术语，即人区别于认识活动、有特定主观体验和外显表情、同人的特定需要（自然的或社会的）相联系的感情反映，它包含着情绪和情感的综合过程，既有情绪的含义，也有情感的含义。使用"情绪"一词侧重标示感情性反映的过程，使用"情感"一词侧重标示感情的体验和感受方面。

第一节　情感与人的发展

情感是人的发展的主要组成部分，它与人的发展的关系主要体现在以下几个方面。

一、作为人类生存的适应机制

从人类种系发展与儿童个体发展看，情感作为适应生存的工具是十分明显的。"人的发展"（Human Development）一语至少可以有两种释义方式。第一种，也是较不常用的一种，是把它与物种发展史联系起来，将它看成是人类在地球上出现的过程，用以与其他生物的产生过程相比较。第二种，即较为常用的一种，是把它和个体发展联系起来，从而看成是一个人从胚胎到身体死亡的过程。①根据第一种解释，人的发展就是人出现的过程，从动物种系发生看，低等生命进化到人类这一高级生命体的漫长过程，与生命体情绪的演化过程是相一致的。无脊椎动物没有这样的神经结构，也就没有情绪，在任何情况下，用神经生理学家所运用的客观研究方法都不能发现它们有情绪，爬行动物只有简单的"刺激—反应"，这样的冲动缺乏情绪体验，只能算动物情绪前期的一种本能冲动。现在我们知道，情绪器官在结构上与脊椎动物的脑在进一步复杂化的过程中发展起来的原脑皮质相联系。真正的动物情绪是从哺乳动物开始具有的。哺乳动物的脑边缘系统皮质部分是情绪体验发生的物质基础，边缘系统单独地或者与其他神经部分协同地产生一种抑制性影响，使冲动行为具有发动、控制的神经机制。哺乳动物的情绪状态开始是通过生物学上合目的的特殊活动方式表现出来的，体验到恐惧时躲藏或逃避，体验到愤怒时攻击，体验到满意时做出懒洋洋的或舒适的姿态，表情运动和姿态最初具有适应意义并在进化过程中巩固下来，在进化选择的进程中，情绪的外部表现即表情获得了对该种的其他个体发生作用的信号特性，担当起种内沟通的职责。随着机体与环境的辩证运动，原始情绪自身分裂、自身超出，不仅分化出厌恶、忧愁、焦虑等个体情绪，而且分化出与别的个体相关的较复杂的情绪，如母爱、仇恨、自我牺牲等。母猴会对幼猴照顾备至，母猿会因小猿死亡而悲哀，母狒狒能够收养"子女"，抓来小狗进行抚育。达尔文时代的伦格尔和勃瑞姆，都说他们所驯养的猴子，

---

① 中央教育科学研究所比较教育研究室：《简明国际教育百科全书：人的发展》，1页，北京，教育科学出版社，1989。

无论是非洲的还是美洲的，肯定是有仇必报。不仅如此，某些高等动物，已有萌芽状态的"美感"情绪，和人一样对同样的一些颜色、同样美妙的一些描影和形态、同样的一些声音，都同样地有愉快的感受①。

人的神经系统发展经历了"发头、发脑、发皮质"的"三发"过程。②新皮质是情绪的更高级的调控系统。它以神经纤维联系为中介，与下丘脑、杏仁核、边缘系统皮质部分等结构互相传递信息。新皮质把通过各层次神经回路逐步加工处理而获得的认识作为指令，作用于皮层下情绪中枢，调控着人的情绪活动。新皮层的高度发展使"情绪"与"理智"有可能结合，摆脱情境的直接性影响，具有长期性和稳定性。人类的情绪和情感，除了向外宣泄的一面外，还有向内蕴含的一面，从动物情绪中发展出与"自我评价"有关的满意和沮丧、羞耻和骄傲、内疚和悔恨等，总之，从动物到人，情绪的发展沿着趋于丰富性、深刻性、复杂性、可控性、差异性的道路前进。综上可知，不仅情绪演化与人的高级生命演化相一致，而且恰恰是情绪演化促进了人的生命演化，没有动物体的情绪机制，没有情绪作为种内群居生活的沟通工具，生命体绝不可能向高级复杂化程度演进。因此，心理学家汤姆金斯(S. Tomkins)认为，情感是构成进化成果的一个关键部分，甚至比饥饿、性欲这些基本的内驱力更为重要。③

根据第二种解释，我们把人的发展定义为"随时间的推进在人身上发生的变化"和"个体发展始于生物受孕而止于身体机体的死亡"。情绪发展是个体成熟和发展的一个极其重要的表征，首先，情绪是个体生

---

① ［英］达尔文：《人类的由来》，潘光旦、胡寿文译，137 页，北京，商务印书馆，1983。

② 参见梁漱溟：《人心与人生》，上海，学林出版社，1997。

③ ［美］E. E. 古德、J. M. 施罗夫、S. 伯克：《感情是什么》，何百华译，载《现代外国哲学社会科学(文摘)》，1992(3)。

存适应的工具。人类婴儿从种族进化中获得的情绪有 8～10 种，被称为基本情绪，如愉快、兴趣、惊奇、厌恶、痛苦、愤怒、惧怕、悲伤等。所有这些情绪在婴儿出生到 1 岁左右均已发生，它们都是非编码的、不学而能的，是在神经系统和脑结构部位的先天性情绪反应。每种具体情绪都有不同的内部体验和外部表现，它们以不同的方式，并在不同的方向上，促使机体提高行为的转换力，以利于生存适应。后来，这种先天情绪通过与成人的应答反应逐渐分化、发展，如婴儿 3 个月时出现所谓社会性微笑等，七八个月时出现分离焦虑等。在婴儿期，情绪是他们的语言系统。婴儿通过情绪来表露交流需要和希望，表示其适应与否，进一步又通过情绪来感受认识周围的人和理解周围的事。可以说，现实给予儿童的知觉信息都要受情绪感受的折射，才能使儿童进入认识和理解的境地。因此，情绪是儿童主要的反应与交往方式。儿童的思维活动具有浓厚的自我中心色彩，而以自我为中心，实际上是以自我欲望为中心，以自我情绪为中心。儿童心理表象带着感情色彩，在描绘物体形象时，总是捕捉最强烈的感受，丰富的想象、联想也是靠情绪的火花点燃。因此现代的情绪理论认定，意识在人类身上的发生、发展，以及与认知系统的整合，都是情绪的功能……意识的第一个机构的性质，基本上是感情性的。① 整个人的成长过程都要依靠情绪的适应机制，这包括正确辨认、释读别人的情绪，理解别人的感受以适应社会的需要，包括控制自己情感的外部表现以适应文化环境，还包括借助情感的表达功能实现人际情感沟通和情感认同。不解决情感表达问题，通往学习和文化生活的路便紧闭着。

二、作为认识发生的动力机制

由于传统哲学将人的认识的逻辑理智特征视为人高于动物的基本

———————————

① 孟昭兰：《人类情绪》，178 页，上海，上海人民出版社，1989。

标志，撇开情感与意志讲认识，所以，情绪作为认识的机制千百年来没有得到很好的挖掘。根据我们获得的资料，可以有以下几种解释。

(一)构成动机说

情绪心理学认为，人的认识能力和创造性的发展是先天适应性和后天习得能力交互作用的结果，其中，人的情绪起了根本的或先在的"内在动机"作用。它表现为两点：一是在没有外来影响时，感情性唤醒内在地激起人去活动；二是当原有期待等与当前的输入信息不一致或产生不确定状态时，也会引起人的内在需要和活动动机。皮亚杰一生重视对人的逻辑心理结构的研究，但他在晚年也指出，感情决定着对情境是接近或回避的倾向，从而影响人的智能努力朝着什么方向和方面去发挥，这种现象反过来必然影响知识的获得，比如在某些方面获得更多，而在某些方面知道较少。①

(二)原动力说

情绪作为一种能量，是由情绪所产生的脑生理机制及整个生命机体的相应反应决定的。这种能量在人的生理健康水平下不会消失，只会表现为潜在的平和。在没有外界刺激的情况下，这种激情或能量维系着原有的水平，而且一旦受到外界的刺激即外化为情绪。如果外界刺激满足了我们的需要，则情绪达到高潮后逐渐平和，这正是审美和艺术产生的条件。如果外界刺激不能满足我们的需要，则表现为情绪的骚乱。骚乱的情绪并不是以骚乱作为它的归宿，而是以自身的稳态和平衡为目的，骚乱情绪结合着引起骚乱的对象稳定地存在于我们的记忆中，便构成认识产生的先导。

(三)直接材料说

情绪的产生与认识的发生同出一源，都根植于生命体的内在需要

---

① 孟昭兰：《人类情绪》，170 页，上海，上海人民出版社，1989。

在自我满足水平上的表现。也就是说，人的行为和认识的需要的内在动因最终要以情绪的形式来表现。情绪是主客体发生关系时主体方面最积极的反应，或者说是不加选择的第一次，也是最直接的反应。情绪构成了主客体分化的必要条件，同时也构成了认识发生的最直接的原因。由于情绪是生命体与外界在感受心理层次上的交融，是客体具象在人的欲求机能制约下的直观感受反映，其间必然包含着外界事物的表象在喜、怒、哀、乐等情绪的形式作用下的自然归类。这种归类实际上是情绪的一种自身剥离，是即将被明晰化了的情绪体验从整体混沌的情绪体验中抽象出来的过程。①

(四)整合发展说

当代心理学对人的认知发展提出整合发展的理论，认为认识发展的过程是情绪与逻辑思维相互作用的过程，这使概念中产生了情绪纬度。当个体发展时，这些情绪过程和概念的联系越来越密切，它们之间的相互作用使想象、象征同常规思维产生了联系，从而成为认识创造的源泉。②

三、作为行为选择的评价机制

人的认识并不一定导致行为。从认识到行为发生，其中介是以情感为核心的意向系统。情感在其中作为评价的震荡机制使人选择某种行为并使它现实化。

第一，情感在评价过程中起着内部监控的作用。人的情感体验以满意或不满意的感受状态把人本身的自我感觉、自我评价、自我监督、自尊心、自信心、自制力联合起来，构成一个主体对自己活动关系（物

---

① 王含元：《宏观认识发生的情绪作用》，载《陕西师范大学学报(哲学社会科学版)》，1989(1)。

② 胡红裔：《日内瓦新皮亚杰学派的诞生及其杰出探索者 W. 道伊斯的儿童智力的社会性发展理论》，硕士学位论文，南京师范大学，1992。

我关系、人我关系等)的内部监控系统。对活动关系满意，人将注意指向某类信息，择取某类信息，而忽略、回避与主体情感需要相悖的信息，或者对这些相悖的信息做出与主体情感需要相一致的理解，这时，注意会保持得长久，程度也强烈。结果，人对这些信息的加工、消化与人的自信心、自制力形成良性的正循环。相反，对活动关系不满意，主体处于消极的情感状态，被凄楚、焦虑、烦恼所困扰，这时，感知取向、理解向度都带有否定性情感色彩，导致主体缺乏自信，自我评价低，对与失败有关的信息反应阈限降低，不仅对外在事物的评价倾向于否定，而且容易对关于自己的任何信息都做出否定性的理解。

第二，内部监控作用的客观存在，决定了人不是依据外部世界的客观要求，也不是根据主体自身的原发性需要，而是从内部世界反观自身，理解主体与客体之间各种现实或可能的意义关系，审度其中的利弊，然后把各种心理能量有效地聚合起来、组织起来，在感情的基础上产生意志能力，继而通过神经系统的下行传导通路将信息传向感受器和外围，使人的行为上升为随意的动作水平，即直接控制主体活动的发动与停止，调节活动能量的强弱与速度，决定持续时间的长与短，尤其是刺激主体克服各种困难去争取活动目的的实现。

四、作为生命的享用机制

情绪、情感除了发挥上述不同机制，以保障人的生存与发展以外，它的生命享用机制也被现代科学日益发掘出来。这一机制是通过人的情绪色调(即情调)具有的唤醒、调节以及满足人心理上享乐和享受需要的功能加以实现的。

生存、发展、享用是人类及其个体活动的一个完整的目的性链条。过去我们常常离开享用谈生存、发展，特别是对其中的精神享用研究和强调得不够。20 世纪 70 年代以来，情绪心理学的研究开始重视对"感觉情调"的研究，这对揭示情调的生命享用价值是很有意义的。关涉人的生命享用质量的感觉情调有多种，其中最重要的积极情调是快乐，以及具有快乐色调的自慰、自足、兴趣、憧憬、希冀等。

快乐是主要的正情绪，是给人们带来享受的重要来源。没有快乐，就没有享受和享乐。快乐情绪的快乐调（Hedonic Tone）给人带来心理上的愉悦和舒适。它的生命享用机制体现在许多方面。

第一，快乐增进人际的社会性联系。快乐体验和反应有助于建立人际联系，而良好的社会交往又反过来增进人的快乐感受，增强人对生命、对生活的热爱，这无疑是人的最基本的生命享用。

第二，快乐增强人的自信和能力。一方面，快乐的激励使人勇于承受生活的负担和压力，提高克服痛苦的能力；另一方面，快乐的激励使人心胸开阔，对未来充满信心，鼓舞人运用智慧，调动潜能，并享受到成功的欢愉。威斯曼（A. Wessman）用"自我描述问卷"和投射技术进行研究后发现：快乐者更自信、乐观；更有才能和更多成功；享受更亲密、诚实和互相激励的人际关系；工作表现有连续性、目的性和有意义；做事更容易达到目标，在工作和社会关系中得到满足。[1]

第三，快乐既是紧张的释放，又是适当的唤醒。一方面，生活的紧张和压力在严重的情况下会导致诸如情绪性应激、焦虑症或忧郁症等病态心理。现在全世界有 3‰～5‰ 的人患有这类精神病症。快乐，能够对紧张发挥重要的调节作用。另一方面，松弛状态的不适当延续，不利于必要的智力加工，甚至不利于人的生理健康。只有当兴趣、希望的兴奋重新唤醒，情绪的一定紧张性得到加强，人才可能进行智力操作，使生命充满活力。20 世纪 70 年代以来，脑科学研究及中西医理论一致承认，人体内有一个下丘脑—脑垂体—肾上腺控制系统，其控制着生命的成长及衰老过程。其机理就是由张弛有序的快乐情调调

---

① 孟昭兰：《人类情绪》，298 页，上海，上海人民出版社，1989。

节人体的激素分泌并使之趋于平衡，以维持生命的内稳定状态。医学界提出用"认识生活价值疗法"治疗不治之症，也正是运用了这一机制。

希求、愿望等唤醒体验也是重要的感觉情调。20世纪40年代，苏联心理学家鲁宾斯坦曾提出过这种类型的情绪现象，但后来的情绪理论中已没有这类情绪现象的地位。当代教育人类学重视这一情调的享用价值，认为它们是生命的重要支点。因为希望具有不定性、开放性，在希望里，时间是无限的、未来的、远大的，在希望中人们能够发现人与未来的关系；所以，建立希望是人对未来最有决定意义的态度。不仅感觉色调具有生命享用的功能，而且人的高级社会性情操的享用机制在现代社会中也被进一步揭示出来。就道德情感来说，随着人类的进化、社会的进步、精神的提升，道德越来越从社会规范和意识形态的职能转向人类自由精神追求的职能，因此，道德情感在整个道德结构中的作用凸显了出来。人把道德作为获得自我肯定、自我完善、自我发展的对象物，把道德追求和道德活动中得到的情感满足作为精神享受。当代发达国家的现实已充分显示，人类的物质生活需要是有限的，人们越来越需要从各种善行、善念中，从各种理想、信仰中，乃至从宗教中寻找精神的寄托。道德情感，甚至宗教情感都越来越具有自我享用的价值。

第二节　人的情感发展与教育

苏联教育家阿扎罗夫曾指出，在情感世界里，什么东西都不会自然地产生，因为这是与学习或者其他工作一样复杂和费力的心、脑、精神工作。人的情感绝不是自然成熟的，它是在教育促进下发展、成熟的。这有以下几个方面的根据。

一、生物—生理方面的根据

人的情感发生以人类特有的从高等动物进化而来的人脑结构及其神经系统的活动为物质基础。

关于脑区。美国的 H. 加登纳提出，最重要的是额叶，因为额叶为来自大脑两个最大功能区域的信息构成了卓越的汇合点，两个功能区是加工所有感觉信息（包括对别人的知觉的信息）的背侧区域和管理个体动机与情绪功能的边缘系统。再就是脑皮质腹面（颞部）区域里的一套皮质区，似乎在对刺激物的辨别，在学习新东西和做出恰当的情绪应对方面是关键的。最后是脑皮质背面（颅顶）区域里的一套皮质区似在监视、注意与唤发方面是关键部位，如果这个部位受了伤，那便会导致淡漠，使病人丧失对自己本人的照应感。最后，次皮质区域受伤的个体或皮质区域与次皮质区域没有联系的个体常被描述为平板的、缺乏情感的。[1] 还有的发现认为，脑厌质颞叶前部的扁桃核，与其他许多脑区相联结，似乎起着一种"感情中枢"的作用。[2] 日本学者时实利彦的提法是：除了在大脑边缘系统发动的情动之情（快感、不快感、愤怒、恐惧等）以外，我们还能体会到在新皮质系统，特别是在人已经非常分化和发达了的前叶连合区域发动的情操之情。即那些伴随着目标的达成、期待的实现等，而产生的精神，如喜悦、悲哀、忌妒心等。[3] 我国的心理学家林凤藻认为，大脑额叶前部是人类特有的神经结构。由于有了这样的神经联系机构，人类才能领悟到应该照顾别人的需要，愿意用自己的知识去减轻别人的痛苦。这是自然的转折

---

① ［美］H. 加登纳：《智能的结构》，兰金仁译，143 页，北京，光明日报出版社，1990。

② ［美］E. E. 古德、J. M. 施罗夫、S. 伯克：《感情是什么》，何百华译，载《现代外国哲学社会科学（文摘）》，1992(3)。

③ 瞿葆奎：《教育学文集：美育》，211 页，北京，人民教育出版社，1989。

点……这是最进化的动物的社会群体性的最高表现。

关于脑内化学成分及其分子运动，以及脑神经活动机制。脑科学研究证明情感有它相应的脑化学运动的基础，甚至已经发现了分子水平的情感运动机制。[1] 美国纽约若克兰州医院生物控制室主任克莱因实验证明：人类存在着一种有遗传学基础的程序或脑活动状态，它们制约着每一种特定的情绪状态，每一种情绪都受特殊的脑的程序所控制，人的社会情感有相对固定的中枢组织和特有的神经机制。[2]

由此可见，教育介入的根据在于：

第一，个体拥有的大脑物质需要教育加以及时开发。就大脑额叶前部来说，它为人类特有的利他情感打下了生理基础，但人脑毕竟是原始脑(爬行动物复合体)、边缘脑(旧哺乳动物脑)、大脑(新哺乳动物脑)和人脑特有的额叶前部四个部分复合而成的。与原始脑、边缘脑、大脑相比，额叶前部最后发育，根浅力薄，必须经过教育和锻炼才能变得强大有力，有效控制住负性的原始冲动，节制、调整祸己害人的不良驱力。时实利彦认为，前叶连合区域在人4岁左右开始起作用，10岁左右可充分发挥作用，一些特定的教育形式，如美术、音乐鉴赏等，比其他任何形式都更能锻炼前叶连合区，有利于情操的培养。[3] 世界各地发现的各例"狼孩"，虽然有正常儿童的脑结构，但缺乏人的丰富情感，这与后天没有得到正常教育，那些与情绪状态有关的大脑部位，特别是额叶前部及其神经活动没有得到正常运用、锻炼有关。还有，母婴分离也会引起伤害性后果，0.5岁到3岁的婴幼儿如果有被托养和持久分离的历史，在后来的成长中会出现智力分数

---

① 刘峰：《人与教育》，204页，长沙，湖南教育出版社，1988。

② 张光丽：《情感教育》，47页，呼和浩特，远方出版社，2005。

③ 瞿葆奎：《教育学文集：美育》，211~220页，北京，人民教育出版社，1989。

低、阅读能力差、社会性成熟晚、纪律性和语文修养差、破坏纪律后较少表现内疚等现象，临床心理学家包尔拜将此称为"感情缺乏人格模式"。

第二，情感在遗传或非遗传生物学方面的基础，需要教育加以改造优化。关于获得性遗传，恩格斯时代已经发现并加以肯定。现代遗传学认为，高等动物的这种遗传大约六百代就会发生某种质的改变。关于其改变机制在 20 世纪 80 年代初已有社会生物学家 E. 威尔逊提出"基因—文化协同进化"理论：一方面，文化的发展在某种程度上要受到基因的制约和指导；另一方面，文化发展的压力又影响着基因的生存，且最终改变着遗传纽带的强度和韧力。因此，我们渴望通过教育使人的脑内组织结构及其神经加工方式固定下来，一定程度上改变原有的遗传基因，从而使一代代人拥有越来越优质的情感发生的基因蓝图。至于脑内影响情感的化学成分和个体原有的神经加工方式，现代研究都已证明可以由后天的活动加以改变，如快乐、信心、期望、好奇心等都能直接影响大脑的化学成分。正确认识、使用、训练大脑之后，其体积、质量、密度、复杂性、效率等在人的一生中随时都可能得到改善。

二、社会—心理方面的根据

教育是实现个体的社会化和个性化的过程。所谓社会化，是指个人接受其所属社会的文化和规范，变成该社会的有效成员，并形成独特自我的过程。这一过程是以怎样的机制为基础的呢？近 100 年来，不同学科都在用各自的理论与实验不断地做出解释。我们感到无论哪一种解释，都若明若暗地显示出人的情感与社会化的关系。特别是美国的 E. A. 罗斯，他完全用情感方面的发展作为社会化的指标，并声称个人适应群体需要的情感和愿望的形成是社会上最高级，也最困难的工作，这种"形成"就是"群体成员的社会化"。

社会学理论揭示这一过程有两种主要的机制。第一，习惯形成的机制。这一机制有两种情况：其一是多次重复同一行为；其二是通过肯定或否定的强化而固定条件，肯定的强化是利用奖励，否定的强化是运用惩罚。得到奖励，人便有积极快乐的情感，从而进一步趋向；而受到惩罚，人便有消极烦恼的情感，从而进一步回避。教育可以利用这一机制帮助人进行社会学习。第二，模仿和认同的机制。班杜拉认为，在社会情境中，人们通过直接的观察学习和模仿，可以学得又快又好。认同作用与模仿略为类似，模仿是有意再现范型的行为，而认同是无意采取了范型的行为。弗洛伊德分析认同作用乃感情上和他人相结合的最早表现。由于认同作用，大多数儿童常常将自己敬慕的人当作崇拜的偶像。教育可以利用这一机制，用树立榜样的方式促进人向社会化的要求前进。

但是正如一位心理学家的评论，榜样的作用是无穷的，但不是万能的，尽管榜样能使儿童看到如何给别人提供帮助，但在现实生活中，儿童不见得运用这些知识，除非他们与榜样有感情深厚的关系。直接强化的作用是模糊的，表扬或奖励会教会儿童为了表扬或奖励才去帮助别人，认识的作用是有限的，儿童做的比知道的要少得多。在社会学界中，也有学者认为，由于现代社会价值体系的混乱和大众文化的短暂性，现代人的认同作用出现了困难局面，认同的对象不是互相抵触，就是明日黄花，现代社会打破了固有的社会化秩序。

因此我们希望寻求更深层次的个体社会化机制，我们把它叫作情绪外化与情感内化的机制。情绪的产生与认识的发生一样，都植根于生命体的内在需要在自我满足水平上的表现。人的内在需要是通过与外界事物接触的外化过程而显现的，所以，人的行为和认识的需要的内在动因最终要以情绪的形式来表现，情绪是主客体发生关系时主体方面最积极的反映。按照劳奇的观点，情绪是一种激情或能量，在没有外界刺激的情况下，这种激情或能量维系着原有的水平，但这种能量一旦受到外界的刺激即外化为情绪。怎么处置这一情绪呢？可以用外界新的刺激满足人的需要，使情绪达到高潮后逐渐平和，审美和艺术正是对这样一个过程的复写，美学理论把它叫作情感的转移或升华。如果外界刺激不能满足人的需求，则表现为情绪的骚乱。列维-斯特劳斯在对神话的分析中提出"能指剩余"的概念，即丰富的能指需要找到指称的形式。因此，用分析的、语言的、提供认知概念的方式，可以帮助人的情绪确定化。骚乱情绪在寻求自身平衡的过程中，实质上是寻求情绪的确定化，而情绪的确定化就意味着为这种情绪的能指找到指称形式，以实现主体对客体的理解。由此可见，对人的情绪外化这一主客体反映形式，需要通过科学认识和艺术审美这两类基本教育途径，使情绪达到自身的稳态和平衡，以实现主客体的统一关系，情绪心理学把个体在没有明显外来干涉的情况下，学会行为的自我控制的现象叫作内化。内化的发展首先以人对自己的情感体验的认识，以及对它们的评价为基础。在教育实践中，我们往往将这一认识和评价看成是简单的概念逻辑的传递、输入，结果内化的奥秘并没有真正揭开。运用情感内化的机制，就是用引起情感的方式，将教育期望的社会思想内涵负载在一定的人、事物及其关系上，引起人的特定情感反应，从观察、注意、反应到自己赋予价值，乃至构成一定的价值体系。人们把获得的情感体验积累为对事物的理解，从而自觉对某些行为或趋或避，对社会的要求主动服膺。所以外化的机制与内化的机制都在走着同一条道路，即不是压抑和扼杀人的情绪—情感，而是给情绪—情感的发展提供通道。特别是对于儿童来说，情绪—情感是促进其早期社会性行为的一种原始动机系统。人的社会性情感通过种系演化的获得性遗传，具有某些自然先天的可能，在儿童早期已经发现有表现。因此，可以将早期教育的起点始于健康情感的培育，如让儿童学会识别和描述情感，会适当表达情感，也会在必要的时候控制情绪。在此基础上，进一步促进儿童的移情倾向和能力，让儿童在情感的氛围中发育、生长出具有更高社会性的情感。这时，其情感体验同时也就是人对社会性内涵的认识理解。社会化不再是简单的服从性适应，而是"发乎自然"、情出于心的认同。

三、历史—文化方面的根据

人的情感发展需要教育，更深刻的原因还应从人的社会存在的历史—文化因素中寻找。

教育所要寻求实现的人的社会化与个性化的目标是一个历史的范畴，也是一个文化的范畴，也就是说它必须在历史—文化的坐标中加以检验。文化学认为，正是文化，而不是社会，才是人类与众不同的特性；是文化向他提供作为人类一员的行为方式和内容。① 文化学家通过对不同民族的各种实证考察，证明了像亲子感情、性行为、示爱方式、种族偏见、音乐表演，甚至良心这些具有强烈情感色彩的行为，都是文化的产物。许多社会学家和人类学家批驳达尔文学派有关情感表达具有普遍性的论点，认为行为者要想表达自己的感情就必须把自己置于本团体的文化宝库中。因此，从文化的视野，从历史发展的视野出发，比从心理的视野出发更能说明人类的情感差异。而且，所有民族人类学家、文化人类学家的考察全都认为，情感作为文化最深层的内核，表征一定民族文化成员的行为时，是变化最为缓慢、保守的成分。据此，现代文化哲学认定，不同民族的人们解决自身情感矛盾的方式并不相同，不同民族都有自己设计情感、安顿情感的特有价值取向与办法。它们作为文化沉淀，作为文化无意识，可以通过制度、

---

① ［美］L. A. 怀特：《文化的科学——人类与文明的研究》，沈原等译，115 页，济南，山东人民出版社，1988。

风尚、习俗、社会心理，通过文化艺术作品影响一代又一代人。但是，这种自发影响是缓慢的，况且，其中鱼龙混杂，特别是并非每个人都有机会接触优秀的人物、高尚的心灵和美好的事物。教育的文化传承与文化选择功能决定了教育要把解决矛盾、安顿情感的最优秀、最可取的情感经验积累起来、传递下去，要把符合本民族的价值取向、为本民族所认可的情感方式及高尚的情感品质展示于受教育者。但是，这只是一个方面，是就民族文化及作为民族的类对个体的影响而言的。就个体来说，人不是被动受制于既定文化，而是活生生的能动个体。由于历史的发展、社会的变迁，由于新的价值观念与传统价值观念、不同民族文化的价值观念的碰撞、冲突、吸纳与融合，也由于人们境遇的不断变化，人的自我需求及满足方式不断地发生改变，人会不断地产生新的情感对象、新的情感矛盾和新的情感体验。前者，作为民族的类的伦理表现，积淀为民族文化的价值尺度；后者，作为个体的心理表现，是人在时间之流——历史中新的生活、新的创造。这种既保守又活跃的悖论关系恰恰是人类发展中历史与价值的永恒矛盾在情感领域中的表现，也恰恰是情感领域的发展需要教育介入的最深刻的根据。教育看待人的情感矛盾具有超越的视界，即人的情感表现不像动物那样起因于生物学的实际要求的满足及由此带来的冲突（需求）的缩小。对于人来说，新的需求的自觉产生，即新的矛盾的创造，是十分必要的。没有这种新的需求的产生及由此引起的情感矛盾，就不会有新的情感选择、新的开拓与新的活动方式的选择。当代心理学认为，不断前进的认识志向，是人所特有的，是调动其他一切需求的基本需求。① 教育正是为发展中的人创造这样的认识条件，使人在历史的发展中，追求、生长出最有时代价值的需求，并找到满足这一需求的适

---

① ［日］欢喜隆司：《人格发展论》，钟启泉译，载《全球教育展望》，1990(5)。

当方式，从而不断用新的体验与认识平衡心理上的冲突。从教育的这一新的文化视界看，把情感教育仅仅视为帮助受教育者内化于社会规范之类的理论模式是肤浅的，也是片面的。教育不仅要帮助人适应一定历史时期特定社会的规范和角色要求，同时，又要教人不断地以一定的价值理想去改造社会现实，创造新的社会规范，聚合新的意识。怀抱这样的价值理想，可能与当时流行的社会时尚不相吻合，其高尚追求可能恰恰为自己带来情感在社会接纳方面的困难。但是，这并不意味着教育在个体社会化方面的失败，恰恰相反，它是教育具有一定超前性的表现。马斯洛人本主义心理学中的一个观点值得注意。他认为，那些具有健康人格、高尚情操的人中并不包含情感障碍者。我的理解是，品性高尚的人，虽然有时可能不合时尚，得不到外在的功利性的肯定评价或物质利益上的报偿，并可能由此产生心理上的冲突和失衡，但是，正是通过教育与自我教育，他们重新找到意义（价值），并构成具有连续性和逻辑一致性的价值体系，从而不是在"适应"的意义上，而是在"均衡"的意义上达到内化。

第三节　现代教育失落情感层面的分析

一、现代教育功能转换中的误区

19世纪中叶以来，现代学校教育首先在一些发达国家普遍发展起来。发达国家不仅普及了初等教育，而且普及了中等教育，甚至在个别发达国家，高等教育也出现了大众化的趋势。第二次世界大战以后到20世纪60年代，学校教育迅猛发展，几乎呈现一种爆炸式发展的态势。

教育自产生之日起就具有为社会生产服务的功能。古代社会生产力水平低，生产过程主要依靠手工技艺和经验指导，商品经济也不发达，因而，教育的经济功能始终没有得到很好的发展。英国工业革命开始后，社会生产的一些构成要素发生了根本性的变化，从主要依靠手工技能和经验转为主要依靠机器和科学，特别是进入20世纪以来，经济发展对教育和科学的依赖越来越强，教育的经济功能开始令人瞩目地凸显出来。20世纪50年代，美国经济学家舒尔茨首先提出"人力资本"理论，第一次把教育投资看作一种生产性投资。他指出："学校教育的生产成分是一种知识技能的投资，它增加将来的收入，因而也与其他物力生产的投资具有同样性质。"这个崭新思想对几千年来形成的教育无疑是一种巨大冲击，开创了人类重新认识教育功能的新纪元。

受教育的功利主义价值观支配，就世界范围来看，19世纪中期以来，特别是到20世纪60年代中期，虽有人文主义教育运动的抗衡，但基本上是唯理智教育占统治地位。唯理智教育是指以传授系统知识、开发理性能力为唯一目的，借助具有固定含义的语言、概念、逻辑、科学等理性化的手段和工具来实施的教育。唯理智教育把培养高技术、高智能、高效率的人才作为教育目标。其教育过程重理性知识的传播，轻情感经验的积累；重语言、概念、逻辑、推理能力的训练和提高，轻情绪感受能力、情感表达和表现能力的培养和发展。它以明晰化、逻辑化和系统化的科学知识、理论、学说以及职业方面的专门知识、技能为主要内容，以课堂教学、正式课程为最基本、最主要的组织形式，教师的科学语言、教学仪器和各种教具是最基本的中介物，标准化的测验方式是最主要的评价方式。这种规程化、单一化、一律化的教育模式忽略了人的情感特征，不能满足人的各种不同的情感需求，难以激发、调节人的情绪机制，因而也谈不上对人的情感方面产生深刻的影响。对于这种严重忽略情感层面的状况，20世纪60年代中期以来，一批颇有见地的教育家不断提出批评，并阐述自己的教育主张。

美国的麦克默林认为美国教育专注于知识、理智、语言技能和数学技能情况造成了非常普遍地忽略教学中非认知目标及其职能的现象……艺术在课程中只起到点缀的作用，学校中普遍存在的弊病是不能编制有效的教学大纲，去着意培养情感和意动方面的人格和经验。① 他提出，情感的因素是道德教育和宗教教育的基础，同样也是艺术教育的基础②。

日本教育家井深大批评偏重理智的教育是"忘记了方向"和"丢掉了另一半的教育"。他认为，仅靠偏重效率和业绩的专门知识，很难产生出真正闪闪发光的东西。有明确的目的意识、优秀的设定问题的能力和丰富的人生经验，才能够创造出丰富而又优秀的东西。③ 日本的丸山敏秋指出，日本社会在唯智主义教育观念的影响下，学生的知识虽然丰富，但缺乏真正的感动之心和"体谅"。他认为，科学的合理主义导致了人的"感受性"的衰弱。在事物中有许多侧面是不合理的，不应该只尊重合理的部分，而丢掉不合理的部分。道德方面的感情、信仰、审美意识等含有很多用合理性解释不清的非合理的要素。④

二、现代化进程中价值遵循的困惑

传统形而上学和基督教的"上帝"观念几千年来曾是西方人的精神支柱，前者用存在论、知识论、价值论构建一个具有终极关怀意义的哲学本体论，以寻求世界的统一性、知识的统一性和生存意义的统一性，后者则以人类现实生存彼岸的某种超感性实体负载和凝聚人类公认的一切最高价值。两者共同向人类许诺光明、不朽、至善和宇宙秩

①② 瞿葆奎：《教育学文集：教育目的》，297 页，北京，人民教育出版社，1989。

③ ［日］井深大：《精神　道德　情操——无视另一半教育的日本人》，骆为龙等译，31 页，北京，社会科学文献出版社，1987。

④ ［日］丸山敏秋：《儿童的不良行为与家庭教育——其现状和今后的课题》，见陈瑛：《中日实践伦理学讨论会实录》，217 页，北京，社会科学文献出版社，1993。

序。终有一死的个体生命从灵魂不朽中找到安慰，动物性的人从上帝的神性和真善美的感召中发现自己的道德极境，孤独的个人从和谐的世界秩序和宗教的博爱中感受到精神的充实。因此，在相当长的西方历史中，人类对情感教育是有所旨归、有所依傍的。在近代科学发现中，首先是哥白尼的天体说宣告了人类宇宙中心观念的破灭，接着是达尔文的生物进化论给了基督教世界观最致命的打击，同时又在生物学的意义上把人还原于动物界，最后是弗洛伊德的泛性论在潜意识的性欲本能层次上把人类还原于动物界。西方科学的这三大发现沉重地打击了人类的自尊心，支持人类自尊心的道德性与神性被宇宙永恒变化中的偶然性打破，似乎再也没有什么稳定的实体可以向人类继续提供"理想""规范""目的"和"意义"。科学的发展虽然一日千里，但科学终究是手段，而不是目的。在确定价值目标方面，科学同样无能为力，因此，西方人的价值遵循遇到了空前的危机。19世纪中期以来的非理性主义大胆否定传统形而上学的虚妄性，要求现实地探讨人生的意义，建立人类学本体论意义上的终极关怀。因此，他们的理论对于人的情欲、情感价值和情感的生存状态不乏深刻的洞见。但问题在于，非理性主义从关注人自身的存在出发，剔除哲学本体论对世界统一性（终极存在）和知识统一性（终极解释）的追求，把本体论仅仅归结为对生存状态的关怀。结果，消解、拒斥、烦恼、焦虑代替了宏大、统一、和谐、整全。情感教育没有依傍，没有旨归，没有思想内涵，终于走向失落。

重视有价值遵循和教育旨归的情感教育对于传统的中国人来说一向不存在什么问题，这是中国传统教育的特色所在。中国的传统教育把人设计为一个情感本体，把培养善良、无私、符合伦理秩序的情感作为其价值实现，反对西方偏重科学理智以实现教育的工具理性的倾向，主张通过情感的内化与外化达到修身、齐家、治国、平天下的目的。20世纪初，这一建立在传统伦理文化之上的价值观受到了西方文化的挑战。由于中国共产党向西方学习了马克思主义，把马克思主义同中国实际相结合，并且在社会主义的信仰体系中继承了中华传统文化的精华，中国人的价值目标体系依然是稳定的，20 世纪 80 年代初期，改革开放中的中国与西方文化再次碰撞，又一次给中国人带来了价值遵循上的困难。中国传统哲学和传统文化中一些根本性的哲学命题、教育命题，如"究天人之际，通古今之变""判天地之美，析万物之理""为天地立心，为生民立命"等所表达的对终极存在、终极解释和终极价值的渴望与关怀，并没有成为中国教育在当代价值重建中的依据。美国的克拉斯沃尔、布卢姆在分析为什么学校情感教育目标会消失于认知教育目标中时曾指出，情感教育必须遵循、依从一定社会、一定时期的主流价值取向。当今社会价值多元化、取向多变动的大文化背景显然也可以看作情感教育失落的原因之一。

三、现代青少年生活方式的极大变化

现代儿童和青少年的生活方式所造成的情感发展上的缺陷，给正规学校教育带来极大的困难。

首先，随着城市工业化、农村小集镇化的发展，原有的社会共同体（家族、村落）解体，原有的社会约束机制的作用大大减小。

其次，社会对儿童的宽容与家长对儿童的溺爱，使其一方面冲动、任性、缺乏自制力，一方面只要求别人爱自己，而想不到去爱别人。结果，薄情会产生冷漠，冷漠会产生自私自利，而自私自利则是残酷无情之源[1]。

最后，技术进步将人的劳动过程极度压缩而结果却极度显著，这使尚未参加生产活动的儿童和青少年看重功能而不注意主体，看重手

---

[1] ［苏联］B. A. 苏霍姆林斯基：《帕夫雷什中学》，赵玮等译，186 页，北京，教育科学出版社，1983。

段而不追究目的。日本哲学家分析认为，爱，并不单单迷恋于实体的功能，它与爱恋、尊敬、同情实体的存在本身有着更深的关系。爱，归根到底是与个人人格的责任及决断有关的；而在现代的实践世界中，爱得到锻炼的机会却减少了。① 在方便性当中，在倦怠和繁荣当中已经隐藏着一种空虚感。②

面对这样的教育对象，有些学校教师感到教育宗旨难以实现，他们抱怨现在的孩子知识很丰富，但缺乏感动之心，缺乏体谅之心。

四、情感教育本身的难度

情感教育在传统教育框架中有自己悠久的历史，但在现代教育框架中则变得十分陌生。因为，自从教育学理论摆脱哲学的怀抱，求助实验心理学，走向"科学"的教育学后，教育学的所有基本概念几乎都要到实验心理学中寻找根据，并且主要是以西方的研究为参照系。

问题在于，实验心理学建立以来，对情绪的研究步履蹒跚，直到20世纪70年代以后才有转折性的进步。情绪的实证研究最早从情绪生理学突破，后来，行为主义的理论占据主导地位，导致情感研究将生理指标和行为指标作为最主要的资料来源。根据这一研究方法和理论框架，难以将主观体验容纳进研究视野。精神分析学派虽然重视通过人的内部体验、内部冲突、内在动机等重要变量来解释情感，但只局限于人体的本能、内驱力。在行为主义学派和精神分析学派之后发展起来的情绪认知理论和动机理论相对地具有综合性质，认识到情绪是多维量结构、多成分组合、多水平整合的心理现象和心理活动过程，采用多项指标，并把那些具有普遍意义的变量因素作为制定研究方法

---

① ［日］今道友信：《关于爱》，徐培、王洪波译，10、18页，北京，生活·读书·新知三联书店，1987。

② ［日］早坂泰次郎：《现代人生心理学》，李树琦、蔡春英译，164页，石家庄，河北人民出版社，1987。

的原则确定下来，在研究时用于综合分析。这使得情绪研究向前迈出了一大步。但是，总体上来看，西方情绪研究的自然科学实证方法和手段主要是用"条件刺激"（最多的是"社会性条件刺激"）来代替人的复杂社会关系、社会生活，但它不能揭示"社会性"的真实含义。因此，西方情绪理论仍然是对人类基本情绪研究多，对人所特有的情感、情操研究少；对情绪的外显行为研究多，对情绪的内在感受研究少；对幼小儿童的情绪研究多，对成人的社会性情操的发展过程研究少。这一基本的研究格局直接影响到情感教育。

20世纪60年代初，美国研究制定情感教育目标时已经发现其中有很多难度。最主要的是，人的外部表情的可控性、伪装性以及人的内部体验的隐秘性、独特性，使教育者很难对学生的情感发展水平做真实的测量、记录乃至评价，自我报告和投射测验效度很低。美国制定的情感教育目标实际上是以认知为手段，研究出的情感发展连续体在情感发展的形式化特征方面颇有借鉴意义，但这毕竟只是情感教育的一条操作路径，国内外近20年来虽然有些教育模式与人的情感发展有关，但基本上还停留在实验阶段和经验型层次上。情感教育是一个复杂的系统工程，每一个具体的情感教育任务的实现都与教育内容本身，与情境、个人目的、个人经验、个人需要以及教师的人格特征息息相关，更不用说，它还受制于大的社会经济、政治和文化背景。各种相互作用的关系，各种相互影响的机制，有些已经有证明资料，大量的还未被揭示出来，我们尚缺少整体的教育影响机理的画面。受教育个体的差异性、情感发展变化的缓慢性与反复性使得教育者进行情感教育时需要花费大量的时间和精力，这往往也是人们望而却步、丧失热情的重要原因。

第二章　情感价值的凸显
与教育理念的沉思

　　人类教育活动古已有之，但教育观念千百年来包裹在传统哲学中，一直没有独立出来。系统的教育理论是作为"科学"的教育学出现的，它的文化背景是西方近代工业与科学的发展，以及受其影响的知性思维方式的发展，其根本缺陷在于将认知从情与意中剥离出来，将真从善与美中抽取出来，撇开情感与意志讲认知的发展，从而走上了唯理智主义的绝路。笼罩在这一思想框架下的现代教育，一方面拥有传递知识、选择人才的高效率，体现出与现代化进程相一致的工具理性功能；另一方面又日渐显露出与生命意义相悖的内在矛盾，使教育内涵的价值理性功能得不到应有的发挥。

　　情感，以其与个性生命活生生的联系，以其比逻辑—理智先在的地位，以其作为动力系统的优势，打开了通往价值理性的道路。现在，我们有必要对教育学的一些基本概念重新审视，发掘其中情感层面的作用，并完成其与理智层面的整合。之后，我们才可能以这些获得完整内涵的教育概念，构建新的教育理论框架。

第一节　情感与智能

智能问题是任何教育理论、教育学派的理论原点、起始概念。"教育"一词拉丁文为 educere，英文为 education，意即"引出"，把"内部的东西表现出来"。按其原意，教育的过程就是把人的潜在智能转化为现实能力，以适应社会、把握人生。

在人类的早期，对智能的理解虽然笼统，却是素朴完整的，智力、智能和智慧是同一个概念，此概念明显包含着情感的层面。这集中体现在古代神话中。在原始社会里，经验、知识、信仰、愿望、情感和意志，交织熔铸为一个模糊的整体。后来，科学从这个整体中分离出来，越来越排除主观情感而追求认识的绝对客观性，而人们对自己力量的惊奇与恐惧、崇拜与抗争，则分别形成了宗教和艺术。哲学由于包含着客观认识而同科学相联系，又由于包含着主观的愿望、意志、情感等，而同宗教、艺术相联系。最初的"哲学"概念反映出这多重联系，代表着最高的、最完整的智慧。用哲学的方法理解智能，或者看古代哲学所代表的"智慧"，它不仅是结构性的东西（知识结构、认识结构），而且是动力性的东西（热情、渴望、追求，以及与之相应的批判与超越、理解与同情）。古汉语中的"哲"字，有"明白""懂道理"的意思，也就是"智慧"的意思，《尚书》曰："知人则哲。"所谓"智者"，也就是"哲人"，"哲人"是"愚人"的对立面。"哲人"智慧、仁慈，"愚人"则"蠢笨而刻薄"。《诗经·小雅》曰："维此哲人，谓我劬劳。维彼愚人，谓我宣骄。"西方语言中的"哲学"一词，来源于古希腊文"philosophia"，具有"爱"（仁慈）和"智慧"（聪明）双重含义，可见，古代无论是东方还是西方，都崇尚智慧。前者的智慧主要用于人生论，是启示性的，导向成就内在人格；后者主要用于宇宙论，是描述性的，导向认识外在世界。但无论是前者还是后者，"爱"与"理智"都同时包容于"智慧"之中，"智慧"是完整的。

西方主要用于宇宙论的智慧观在古希腊人身上已包孕着批判性的源头。为了实现人类的理性追求，古希腊人最早掌握的两个工具是数学与语言逻辑，用它们来进行概念的逻辑推理，分别说明自然、社会与人生的辩证关系。毕达哥拉斯学派把世界上的万事万物以及它们之间的联系都数学化，认为唯有借助数学，"理智的沉思"才成为可能，发展到柏拉图，则试图用从几何学借来的概念和模式建立理论体系，他在西方第一所学校——雅典学园的人口处刻有铭文："不懂数学的人请勿入内。"这一数学偏爱发展到笛卡尔，则强调一切均需数学推导系统的确证，否则一概持怀疑态度，对数学化的追求到了莱布尼茨可谓发展到顶点。从另一方面来看，苏格拉底是借助另一种工具——语言概念的推导来追求对事物本质的认识的。他在正反陈述中，在格言与矛盾中让思想通过语言的中介成为概念，使哲学为明晰的语言及其逻辑推理关系所引导。只有考察作为西方文明发端者的古希腊人追求的从整体智慧向数学逻辑概念演变的轨迹，才可能理解教育理念中对智能的逻辑理智的偏向为什么如此顽固、经久不衰。随着近代科学的发展，人类对智能概念逐步丢弃了古代的那种哲学理解，变为一种科学理解，出现了将智慧等同于理智、将理智等同于逻辑——理智的功能窄化、结构窄化现象。这一窄化理解不仅在教育内容上影响到近代教育，而且在对受教育者的认识方式上都要求数学化，要求逻辑推理的程式化。

问题不仅于此，西方近代实验心理学诞生以后，对智能的研究将原先哲学思辨式的片面理解推向更远。实验心理学的研究方式和思维方式受经典力学的影响，对人类心理的研究试图追求一种普遍的形式，一种普遍适用的标准，因而，在智能研究中，人们一直顽固地相信人类有记忆、知觉、注意等环绕一切过程的"横向能力",以为人的这些能力在学习不同内容时是起同等作用的。两百年来,这样一个顽固的观念一直控制着教育者的活动方式,并通过社会文化深深地影响绝大多数学习者以及他们的家庭。

美国发展心理学家 H. 加登纳在 20 世纪 80 年代初发表的关于智能的新理论①给我们极大的启发。他认为,统治人类几千年的是以西方为中心、以数学—逻辑理智为中心的智能观,各种智力测验虽然是心理学史上智能研究的极大成就,但这种测验以描述性回答为特征,很少能评估出一个人吸收新信息的能力或解决新难题的能力。一个人可能失去脑额叶,表现不出任何主动性、创造性,但智商仍可以接近天才水准。而且,这种测验肯定有利于社会上受过正规教育的个体,有利于习惯书面考试的个体。虽然皮亚杰的发生认识论对智能的研究是结构化、精细化、动态化的,但他偏重研究的仍然是智能表现的一种类型——数学逻辑能力,并认为自己所揭示的各种逻辑能力可运用于任何内容的样式。皮亚杰避开了其他类型的智能表现,忽略了对文学家、艺术家、律师、运动员和政治领袖等的能力形式的研究,对数学逻辑能力的描述也较多地限于高中理科课堂上的活动。这就是说,即使是在西方,皮亚杰的智能理论也只适用于部分少年儿童,尽管皮亚杰之后兴起的信息加工心理学对智能的研究在集中处理细节、揭示加工活动的微观结构方面前进了一步,但其考察的难题仍然是逻辑—数学方面或语言方面的,缺乏一种不同认识形式相互关联(或区别)的接合理论。总之,以往的智能理论既忽略个体生物学条件上的差异,又对社会上表现不同智能方面的角色范围不敏感,衡量不出人的高层

---

① [美] H. 加登纳:《智能的结构》,兰金仁译,81～374 页,北京,光明日报出版社,1990。

次的创造性，这种唯逻辑理智取向的智能观导致教育观念及教育实践的一系列偏向。H. 加登纳用个案法考察了人类所有的职业及活动领域，考察了不同领域中杰出人物的智能表现，还考察了正常儿童、超常儿童、脑损伤及脑病变儿童与成人的智能表现。得益于崭新的研究方法和站在现代科学肩膀上的现代哲学思维，他提出人类存在着相互自律的七种智能，它们是：不与对象相联系的语言智能、音乐智能，与对象性活动相关的数学—逻辑智能、空间智能、身体动觉智能，内省智能，人际智能(统称人格智能)。每种智能都有自己独特的神经加工方式，包括人际智能与内省智能的神经活动也有两种不同的机制。每种智能又有自己独特的核心运算形式，有自己的极顶状态和崩溃样式。每个正常人都有这七种智能的胚胎形式，但是先天的基础并不相同，关键是后天的文化支持性情境最终能否使某些方面的智能转化为现实。

令我们感兴趣的是，我们认为这一重新解释的智能观实际上将触角伸向了人的情感层面，它展示了情感与教育相关联的广阔画面。

人类智能并不主要是，更不唯一是逻辑—理智能力，由情感或主要由情感在其中表现突出价值的智能不仅客观存在，而且有着重要的社会文化价值，以音乐理解为例，最容易说明情感—体验的独特意义，音乐理解的基础不是对音高和音色、和弦组成及休止长度的认识，而是对音乐变化和节律情绪(感觉)的体验，正因为情感—体验方式反映出的完整性和结构性，加上感觉的融合，我们领悟到的才不是个别音符的连续，而是旋律。语言能力，最重要的是用语言有逻辑地表达概念的能力。实际上语言能力的核心运算形式是对文字的敏感性，包括文字的韵律、说服力、激发力、传递、愉人力、细微差别、语法规则(或非语法规则)。也就是说，情感对语言的运用有极大的价值。内省智能，其核心能力是感受生活(即一个人的情感或情绪范畴)，先在感受中进行辨别，然后再去表明它们，用符号、记号固定它们，利用它们进行理解或指导自己的行动。人际智能，其核心能力是发现其他个体间的差异并做出区分，尤其是在对方的情绪、气质与意向上进行区分。H. 加登纳认为，小说家、治疗者、宗教家、教育家具有发达的内省智能，政治领袖、管理者、有水平的家长、教师以及从事帮助性职业的个体具有发达的人际智能。显然，以上这些智能表现不能为数学—逻辑智能所涵盖。以数学—逻辑智能为唯一或主要衡量标准的教学评估体系必然会抑制人的正常潜能的发展，并影响教育培养人才和发展个性这两种功能的全面实现。

智能本身可以用逻辑—理智能力来表征，也可以用情感—体验能力来表征。不仅如此，对智能的使用也与情感的方向、性质有关，这表现在两个方面。在个人效能方面，情感影响智力加工。皮亚杰在晚年时指出，感情决定着对情况是接近还是回避的倾向，从而影响人的智能努力朝着什么方向或方面发展，这种现象反过来必然影响知识的获得，造成在某些方面获得较多，在某些方面知道较少。在社会效能方面，情感起着智能的价值导向作用。H. 加登纳提出，对智能本身不可用评价的方式，没有理由认为智能肯定会用于好的目的，智能的发挥必须考虑其社会功效，他明确反对西方教育观念中对智能使用的工具化倾向，表现出科学取向与价值取向相统一的智能观。怎么制约智能的使用方向呢？H. 加登纳认为，各种智能均不能离开人格智能而单独使用，他给予人格智能至尊的地位，当然，重视人格智能远不能表明价值取向的全部内涵，但却至少证明了，如果不从情感价值的层面透视智能问题，取向便不可能趋近完整。

现实的智能是由潜能转化来的。H. 加登纳提出，转化条件是支持性文化情境。我们认为，支持性文化情境是指在个体外部存在着对某些智能及其运用领域持肯定、赞许和鼓励态度的情感氛围，以及对智能早期鉴别开发、助优补弱的措施。由此而来的个体的适应感和成功感又必然成为情感的内环境。相反，如果没有外部和内部感情上的支持，人的许多潜能很可能被压抑下去，并可能逐渐成为一种不一定为人觉察的生理、心理病症。

总之，通过分析情感与智能的关系，我们可以得出结论：潜能或智能的结构包括情感思维活动形式与情感方面的能力；智能不仅用作科学目的，更用于人生把握；从潜能到现实的智能必须有情感的参与和支持。

第二节　情感与知识

传统的知识论无论是唯理论派还是经验论派，都从客体方面理解知识，教育也用客体方面的尺度测量、评价人对知识的掌握情况。当代教育应从主体方面，从主客体的关系上界定知识的概念。对知识可有多种划分形式。

一、事实性知识与评价性知识

事实性知识是关于客观对象（事物、现象）是什么、怎么样、为什么会这样，以及在什么条件下其发展变化的进程可能怎么样等的知识，具体包括自然科学知识、社会科学知识和思维科学知识。它们不仅是有效地进行具体活动的基础，也是个体全部生活的基础。评价性知识是人类在社会历史过程中积累起来的价值经验，包括社会道德准则、理想、审美意识、情感和趣味、科学价值等，这类知识一旦被个人理解，并唤起相应的情感，便会以多姿的形式存在于个性经验中，成为人的内在需要、情感追求的价值目标，并调节其活动——把所获得的价值经验作为价值尺度，调节、改变、完善自己的行为和活动，创造新的现实。

二、实体性知识与操作性知识

所有实体性知识都有特定的研究对象(这些对象被看作不依人的活动而存在),它以认识和把握某些客观真理为目的。操作性知识不是把某种特定的事物作为研究对象,而是为达到某种目的去组织或规范人们的行动。它所研究的是一些"人为"现象,这些"人为"现象主要是靠人的目的或意图而作为一个系统存在的。这些知识具有较强的"目的性",其所关注的不是知识的真或假,而是某一行动策略、设计方案是否有效,人们从中获知的不是事物是如何运动的,而是为达到某一目的我们"应该怎么做"。

三、客观理性的知识与主观心灵的知识

日内瓦大学的创始人雷蒙首先做出这种区分。他认为第一种知识远离事物,把思想同其客体以及所有客体割裂开来。第二种知识则是学习者的思想与学习内容所表达的思想融为一体,后者转换为学习者内心的东西,这种内心的东西是体验性的、反省的,如同自己的意识一样。雷蒙对知识的这一独特理解与个人经验有关。作为文艺批评家,他有种极为内在的适应能力,这使他得以在内心重视每位作者的情感特征。这种情感特征深刻体现了贯穿在每位作者作品中的始终不变的个性,通过在心中反复再现这种情感特征,他能够以一种奇特的方式,在简单的引证或自己的想象中对这种情感特征进行重新塑造。雷蒙把第二种知识解释为对存在的一种朴素感觉,它先于对任何个别客体的识别,是情感先于理智的心灵状态。尽管雷蒙对知识的描述带有主观、神秘的色彩,但他毕竟突破了对知识的理性主义理解,他对科学知识(即客观性知识)的作用加以限制,挖掘出由感情状态所把握的另一种知识类型。

四、言传的知识与意会的知识

英国当代著名科学哲学家波兰尼在 1958 年正式从新的角度对人类

的知识和认识进行了划分。他认为"人类的知识"有两种。通常的用书面文字、图表或数学方式表达的知识，仅仅是知识的一种形式；非系统阐述的知识，像我们行为中的某些东西，则是知识的另一种形式。如果我们称前一种知识为言传的（explicit）知识，后一种则为意会的（tacit）知识。"可以说，我们总是意会地了解那些被我们确实看成是言传的知识。"波兰尼认为意会的知识不仅是知识的合法形式，而且在逻辑上先于言传的知识，他强调意会的知识也可称为个体知识，因为对每个个体而言，"意会知识比言传知识更基本，我们能够知道的比我们能够说出来的东西多，而不依靠不能言传的了解，我们就什么也说不出来"。

哲学家 J. 吉尔在阐发波兰尼的意会知识与言传知识概念时，进一步把言传知识定义为集中觉察和概念化（或言语）活动的作用。"因此，它显示了这样的特征：精确分析，言语表达……另一方面，意会知识可定义为附带觉察和体验化活动的作用。因此，它显现了下述特征：直觉的发展、体验的表达、微妙的识别……"

知识划分的新的认识视野给我们的启发是：传统的认识视野主要从客体方面理解知识，新的认识视野则把这种单向度的客体性转向双向度的主体性，其基本标志是以情感为内在尺度的个人心理财富介入并共同构成知识的完整内涵。人不仅是客观的、逻辑化的知识的物质承担者，同时也是主观的、情感化的知识的物质承担者。正因为人的活生生的运动状态，或者说根本上的实践性，人才不断地创造、增值知识。在这一新的知识内涵中，情感不是作为获取客观知识的工具，相反，情感是作为本体，作为与逻辑知识同等的效价，甚至是以先行的方式出现的，它本身标志着承载知识的主体的生存状态、生命质量。因此，我们认为情感对于知识这一概念首先具有本体的效价，而不是工具的效价。正是在这个意义上，我们反对把研究情感教育与对非智力因素的重视和研究等量齐观。

第三节　情感与认知学习

对教育基本概念中的认知学习，国内外教育心理学的研究较多，我国教育学理论研究不够，特别是情感因素在其中的作用，更没有系统挖掘过。现代心理学、思维科学以及哲学认识论的大踏步前进提供了大量实证资料和观念资料，证明人的情绪—情感对学生的认知学习具有重要的意义，概括起来有以下三个基本方面。

首先，作为主要的非认知因素，情绪—情感引导着认知学习。它以兴趣、愿望、热情等形式构成学习的动机，在学习过程中起着驱动、诱导、调节的作用。因为情绪既是一种客观表现，又是一种主观体验，情感状态所构成的恒常心理背景或一时的心理状态，都对当前进行的信息加工起组织协调作用，它可以促进或阻止学习记忆、推理操作和问题解决。具体说来主要是两种作用。第一是驱动作用。驱动作用有两重性：既可以激发起主体的热情、好奇心、惊异感、美感、偏好等，从而推动人趋向学习目标，也可以抑制其积极性，使人稍遇困难便浅尝辄止。第二是诱导作用。情感的诱导作用是在与想象的联结中实现的。情感可以激发想象力，使思维创造性得到很好发挥。主体只有在高涨激情的推动下，才能借助想象思维的力量，冲破既定程序的樊篱，克服感性材料的局限，描绘出复杂现象间的内在联系。因此，当一个人对某些知识现象产生强烈的欲望与感情时，容易产生与此相关的想象，其激情越丰富，想象就越活跃，思维创造性也越能得以充分发挥。诱导作用也有两重性：既可以引导思想深入事物本质，也可以诱人误入歧途，使人想入非非，不能逼近逻辑目标而一步步填补逻辑缺环，结果一发而不可收。现代情绪理论倾向于认为，情感对认知有着多种不同的效果。一部分认知理论家尽管承认情感可以激活认知并决定人对认知加工的情境选择，但认为这只是限制在认知加工的速度方面，而不认为情感对认知结构有所影响。实际上，情感可以在等级层次上改变认知反应，或在加工情境开始所涉及的范围内发生变化，这意味着采用了另外的信息加工模式，从而可以认为，感情不仅在量上影响认知，而且还影响认知结构的改变。[1]

其次，人可以通过情感的活跃把握客观世界。这表现为两种形式。

人可以以情感性或体验型思维方式把握世界。什么是情感性或体验型思维方式呢？情感性思维方式又可被称为艺术化的思维方式。与理智性思维方式不同，它把客观对象主观化，把主体性渗透到客观性之中，人用自己的全部身心拥抱知识，与知识融合在一起。马斯洛给体验型思维极高的评价，认为这是一种最佳的学习方式。通过亲密关系，人与知识达到一种神秘的融合，合为一体。此时，对于对方的认识是通过成为对方而获得的，就是说，我认识它是因为我认识自己，它是我的一部分。马斯洛认为，融合的最好方法就是关心它，甚至去爱它，所以，学习与认识的规律是关心。

最后，处于认知表层逻辑运转内部的、隐性的意会整合，也构成认知的一个重要组成部分。这是波兰尼发现的。波兰尼认为，相对于传统认识论所依托的可明确表述的逻辑理性，人的认知运转中还活跃着另一种与认知个体活动无法分离的、不可言传只能意会的隐性认知功能，它是一切知识的基础和内在本质。因为在语言操作的讲和想中，人们用概念组织认知材料时，总伴随着某种先语言的东西，人用概念词语有逻辑地表述出来的东西，远不及内在意会的意境丰满、具体和本真。因此，意会先于逻辑解释，隐性的接合意义整体先于表层的形

---

① 孟昭兰：《人类情绪》，170页，上海，上海人民出版社，1989。

式总体。据我们理解，波兰尼所谓的意会，即是一种具有情感色彩的理解状态，它好像认知理解的后援部队和仓库，没有它，逻辑理解就发生断裂、阻隔。而且，逻辑理解往往由于明晰性、扼要性而损失、牺牲了原先的丰富性。

第四节　情感与教学活动

古代的教学活动是把教学过程看作在教师的循序引导下，学生学习知识和培养道德的统一过程。由于古代教学规模小，教学内容主要是人文方面的经典，教育的选择功能不突出，所以，情感在教学过程中的缺失并不明显。

近代教学概念的形成，是以科学所具有的实证性、逻辑性、系统性对人类文化传递带来的巨大变化为背景的。资本主义兴起后，自然科学和技术知识纳入学校教育内容，并要求提高人才培养的速度和效果，使得近代教学过程一切环节都以加速提高学生的认识水平为轴心。迄今为止，我国各种版本的教学理论都明确地把教学过程定义为"特殊的认识过程"。这种以发展受教育者的认识为核心的近代教学方法，使得教育的客观性明显增加，作为事实性知识的文化领域与学习主体的情感愿望渐渐疏离，甚至以价值性知识为主的文化领域也主要采用科学型的教学方法，结果，教育的陶冶情操、塑造品格的目标与教学活动几乎分离。

实际上，教学活动是教师和学生通过中介成分完成的一种共同活动，它的本质是特殊形态的实践活动，充满着人的活生生的情感。正因是积极的有导向性质的情感运动，教学活动才不仅具有传递人类民族文化遗产的功能，而且成为培养个性精神的过程。

一、学生方面

不能忽略，学生是带着种种欲望进入教学活动之中的。苏联教育家阿莫纳什维利指出，学生来到学校不只是为了学习，也是为了和同伴们会面，和他们一起玩，彼此交换新闻乃至新玩具，等等。学生永远不会丢掉那些使他兴奋的，使他忧伤的，使他快乐的，以及他希望得到的东西。勒夫特分析了学生进入教学时的欲望：一是求知欲望。即期望理解自己周围的事物与观念世界。二是社会归属或团体的归属欲望。即期望归属于团体，得到同伴的承认，取得应有的地位与他人的尊敬，并且期望得到他人的理解，要求自我表达。三是情感欲望。即寻求情爱、依赖、孤独与确认等。[①] 因此，可以认为教学活动的过程实际上正是这些欲望不断被满足、调节、提升的过程。

二、教师方面

教师必须具备两个方面的条件以满足学生的上述欲望，从而引导情感的走向。首先，是教师个人的价值体系（包括信念、情感、态度、价值观等）所构成的教育爱，其作用机制表现在以下两点。第一，学生对情感方面的学习不同于认知方面的学习，往往是自发地对教师模仿、认同，在不自觉的情况下接受教师的影响，建立行为的制约，即所谓潜移默化。第二，教学活动必须通过教材媒介进行。教师只有全身心地投入，即将全部感情投入教学或教育内容，才可能整体把握教材中已有客观知识的逻辑联系和意义接合。只有当隐性的接合意义整体形成了，表层的形式总体才可能形成，学生才可能跟随教师所提供的形式总体进入教材内在的隐性接合意义整体。也就是说，把握逻辑联系背后的意义联系不仅是形式的、分析的接受过程，更是意义的、综合的体验过程。学生的有效学习只能是意义的发现。客观知识只是学习

---

① 瞿葆奎：《教育学文集：教学》中册，375 页，北京，人民教育出版社，1988。

的开端，直到它的个人意义被挖掘出来，变为个人信念体系的一部分，它才开始影响行动。有教育家提出：所有实际教育工作者都应该具有生动的对世界的感受，为自己的题材而激奋，甚至对它产生某种爱的情感。

其次，是教师的情感能力与技巧。传统教学理论对此是忽略的，现代教学理论则打开了这方面的新视野。美国心理学家梅索特（1979年）、伯利纳和泰库诺夫（1976年）发现，情感特征（而非认知特征）最能区分"效率较高"和"效率较低"的教师。在观察员和评定员使用的区分教师效率高低的 52 种特征或特性中，有 38 种（约占 73％）实际上是属于情感方面的，只有 14 种是属于知识或教学技能等方面的。同样，阿斯巴和罗巴克（1979年）也发现，具有较高人际关系技能的教师负责的学生极少进行捣乱活动，极少招致严重问题。卡克赫夫（1982年）在对涉及 1000 名教师和 30000 名学生的 28 项研究的总结中指出，"具有高水准情感——人际关系技能的教师更能有效地为学生讲授大量认知技能，包括传统成绩测量中的技能"。阿斯巴和罗巴克（1982年）总结认为，教师的人际关系水平与学生的成绩、出勤率、自我认识、对学校的态度和在校行为有直接关系。[1]

再次，一些国家培养师范生的措施中也有值得我们重视的做法。例如，美国为师范教育革命设立的 10 个目标中有 4 个是情感方面的。20 世纪 70 年代兴起的能力本位师范教育对教师 5 大类能力的规定里明确提出有一类是情感能力。建立情感师范教育（Affective Teacher Education），培养目标有两个：一是强调本人的价值观和态度的形成；二是强调人与人之间感情和技能的发展，具体来说是指教师对学生情绪反应的意识，以及教师对这些情绪的移情作用。再如，苏联等国在师

---

[1] 邓金：《培格曼最新国际教师百科全书》，77 页，北京，学苑出版社，1989。

范院校招生考试中加试资质测试，了解考生有无同情心、仁慈心和理解力，以及识别情绪，鼓动、影响他人情感等方面的能力。

最后，我国的大、中、小、幼教育是把教师的情感素质（包括情感能力）放在思想政治素质和工作能力中笼统要求的。在实际的教育岗位上，许多优秀教师以自己高尚的价值追求与突出的情感交往能力（艺术）赢得了学生的心。他们把对教育事业的爱与对学生的爱用精湛的教学艺术，用语言、表情、手势、体态、目光、合理的距离等情感教学技巧表现出来，收到了很好的效果。可惜我们对这类体现在教学、教育中的独特情感能力暂时还没有进行科学实证性的概括，更没有对教师做出普遍要求并进行有目的的训练。

三、团体结构方面

原有的教学论对教学活动的过程主要持强调教学内容与学生的两因素说。自从团体社会学作为社会学的一个分支出现之后，这一研究成果被应用于教学活动，发展成为三因素说，即把人际关系作为第三构成因素。人际关系所包括的教师与学生的关系在前面已从教师的角度分析过。学生与学生的关系是以班级的团体结构表现的。日本教育家片冈德雄认为班级应具有三个条件：第一，必须使班级的交往结构组织化。即在培养学生的"讲、听、读、写"能力的同时，有必要将"讲、听、读、写"作为交往活动的一种训练而在某种程度上以班级规则的形式固定下来。第二，角色—地位结构问题。即避免角色的担任固定化，避免在班级中出现"被使役者"和"被遗忘者"。第三，感情结构问题。即班级的支持性风气（Supportive Climate）具有激发班级成员的自发性行为、敏锐的知觉与移情性理解这样一些有利于学习的积极影响。[①] 实质上，对人际关系在教学活动中的重视与剥离，正是挖掘

---

① 瞿葆奎：《教育学文集：教学》中册，389页，北京，人民教育出版社，1988。

情感因素在教学活动中的作用。

总之，透视情感这一层面，教学活动才得以恢复其真实的人的活动的全貌，教学活动的教育功能实现的深层机制才有可能得以追寻。

第五节 逻辑—认知与情感—体验共同构成完整的教育过程

通过对几个基本教育概念内涵的解剖分析，我们发现其中共同蕴含着逻辑—认知与情感—体验两个相互区别又相互联系的层面。它们是两类不同质的教育层面，有自己相对独立的运行机制；同时，它们又是统一的，在一定条件下构成相辅相成的共存关系，发挥着整体的功能。

一、两个层面及其过程的异质性

第一，逻辑—认知层面及其活动一般同逻辑思维、分析、归纳、推理一类线性的程序活动相联系，它是一种客观的静以观物的形式，以把握事物的本质、必然性、总体性、规律性为目的，具有一定的规定性和计划性，服从或最终服从逻辑的规律。在操作运行时，表现出人的思虑性、计划性、程序性，体现人的冷静、客观，不为主观冲动、愿望所扰的心理品质。

情感—体验层面及其活动一般同主观性、独特性、无周期性、不可重复性或难以重复性、非规律性、非连续性、非必然性相联系，它的工作运行常常是非程序化的，服从非逻辑的规律，虽然也可对人的情感活动及其结果加以有限的操纵，但它本质上是跳跃的、随机的、弥漫性的。

第二，逻辑—认知过程旨在发展学生对客观事物的认识，培养学生从事脑体活动的技能，着重提高学生认识能力和行动效率。具体来说，认知过程注重记忆或再现某些已学得的内容，含有解决某些语言、逻辑、推理问题的目标，认知过程具有自己各个不同、相对独立的小目标，从简单回忆已经学过的材料，直到创造性地组合与综合新观念和新材料。情感—体验过程注重情调、情绪、心境或接受或拒绝的程度，不仅培养学生对认知惊异、好奇的心向和态度，而且根本的是发展人对是非、善恶、美丑的爱憎喜厌之情，培养人调节行为的精神力量，以解决人对客观事物的态度及行动的价值问题。这个过程也是由一系列小目标构成的，从简单的对选择对象的注意，到复杂而又内在一致的性格和良心。

第三，逻辑—认知过程一般来说是不可逆的，认知结果见效的周期较短且比较稳定；情感—体验过程虽然也有一定累积性，但其性状表现基本是可逆的，人的七情六欲总是交替出现，情感发展见效的周期较长，且不稳定。

第四，这两个过程所依赖的心理机制及所促进的人的心理发展的层面不尽相同。认知过程主要是感觉、知觉、表象、回忆和概念、判断、推理的过程，它着重训练主体对客体固有属性、特征、本质和规律的把握。虽然我们可以在其中相对区分出逻辑和非逻辑活动，但它们都是以客体为轴心的描述性活动，而情感教育则是情绪唤醒、主观感受与体验的过程，它强化主体对客体的态度、情感和思维的价值取向，是以主客体意义关系为轴心的体验性活动。这两者的实际过程是相互交融、渗透的。比如，认知过程本身就是一个惊异、破译、归类的过程，其中惊异感又是人意识到内在复现与外部世界失配时引起的一种感情反应。又比如，情感过程本身就是人用一定的认知概念来评价自己需求的过程。但是，两个过程的旨归毕竟不同。前者经过同化或顺应的过程将外部客体知识收归主体的认知结构中，后者则通过主体情感向客体的投射，主体在对意义关系的领略中使情感世界接受一次洗礼，增添一次经历。

第五，逻辑—认知活动主要是大脑左半球的功能，同抽象思维、象征性思维和细节的逻辑分析相关，显示人对数字、语言、逻辑、分析、书写、观念和计算的支配能力。情感—体验活动主要是大脑右半球的功能，同知觉、想象、颜色、音乐、节奏、无拘束的"胡思乱想"以及其他类似的支配能力相关。这一发现不仅早在 20 世纪 60 年代就为 R. 斯佩里的裂脑实验所揭示，而且后来又为美国加利福尼亚大学奥恩斯坦教授用特制的脑电波测量仪查明。脑科学家对右半脑切除的病人进行的系统心理测验表明，在绝大多数病人当中，智力缺陷并不是最突出的，词汇和言语受到的影响最小，但人际关系、情感等人格方面的缺陷明显，这些缺陷在左脑切除的病人身上没有出现。

第六，这两个过程之间并不只是正向关联的关系，正如美国克拉斯沃尔和布卢姆等人在《教育目标分类学：第二分册　情感领域》中指出的，在某些条件下，认知行为的发展确实可能会阻碍某些理想的情感行为……这两个领域中的发展之间，可能存在着一种逆向关联。在中学和学院阶段，许多文学课程灌输文学史等方面的知识和具体的文学作品细节方面的知识，而与此同时，学生对文学感到厌恶……[①]雅各布(1957 年)概括大量有关学院阶段教育的研究后发现，几乎没有证据表明学生在学院的经历使他们的价值观、信念或个性产生明显的变化。

二、两个层面及其过程的统一性

第一，情感—体验活动构成逻辑—认知活动的动力系统。积极的情感体验直接或间接地转化为人的动机和意志，激发、维持、强化人的逻辑—认知活动，从而提高个体的逻辑—认知效率。这方面的研究

---

① ［美］B. S. 布卢姆等：《教育目标分类学：第二分册　情感领域》，施良方、张云高译，19 页，上海，华东师范大学出版社，1989。

近几十年来广泛开展，发现两者之间有正相关关系。

第二，逻辑—认知活动促进情感的分化，提高人的情感思维与情感交往能力，升华人的情感境界。国外学者布里奇斯在 20 世纪 30 年代的一项经典研究表明，人的情感或情绪同步于身心发展的进程而分化。人类的情感是在分化过程中得到提高的。导致情感分化的一个最主要原因是认知水平的提高，美国克拉斯沃尔和布卢姆等人的研究认为，认知目的或目标的达成可以被看作情感目的或目标达成的手段，反之亦然。

第三，逻辑—认知过程和情感—体验过程的有机组合产生"总体大于部分"的系统效应。

奥恩斯坦用脑电波刺激两个大脑半球中的"弱者"，使两个半球处于协同活动之中，并预期能得到下述模式：一个半球＋一个半球＝一倍的效益。但研究结果大大出乎预料，这种刺激所产生的效益常常是 5 至 10 倍。[1]

第四，在完成较高级阶段的发展目标时，逻辑—认知与情感—体验的相互依赖关系愈加明显，这已为布卢姆等人的教育目标研究所证实。美国文化哲学家苏珊·朗格甚至提出：在人的发展的高层次，理性和情感的巨大差别或许是不真实的。理智是一种高级情感形式——一种专门化的高度集中的情感。[2]

三、对逻辑—认知层面及其活动的片面强调导致人的社会性情感受损

第一，感受能力下降。美国哈佛大学零点课题研究从艺术教育的

---

[1] ［英］T. 布赞：《充分发挥你大脑的潜力》，俞祖云译，10～11 页，北京，科学出版社，1985。

[2] 刘大基：《人类文化及生命形式》，264 页，北京，中国社会科学出版社，1990。

研究入手，发现在人的发展的一定年龄期，逻辑—理智能力的发展有可能抑制情绪感受能力和想象能力的发展。在唯理智教育下成长起来的城市孩子把自己与世界之间自然的、不太陌生的关系转换成了那种更加成熟的，注重于使用、交换或分类的世界观。他们日益获得了那种对其所获取信息进行描述、推理与编码的能力，而同时也许渐渐失去了对人及事件的感受能力。日本教育家丸山敏秋通过研究问题儿童，也提出类似看法，认为日本一般的孩子知识丰富，但缺乏真正的感动之心和"温柔""爱护""体谅"。有许多孩子感觉不到他人的痛苦，人虽长大而心理状态仍停留在幼儿时期。他认为日本人明显地太强调智育，所谓的科学合理精神得到高度评价，道理先行的思考方式支配着全体人民，这严重地影响了人的感受能力的成长。[1] 当然，感受力同时包括对自然、对艺术的审美感受。

第二，认识兴趣泯灭和扭曲。认识兴趣不仅是认知学习的动力机制，更重要的是它本身就是人的情感特征，是情感教育过程的目标。在逻辑—理智操作的沉重负担及心理压力下，人的认识兴趣泯灭，视学习为"畏途"，这是一种形式，另一种形式则是把激发学习的动力仅归结为让学生取得实际生活中有用的东西，苏联教育学家达尼洛夫批评这种做法会扑灭学生想去研究未知事物、认识自己尚未经验过的新东西这种十分重要的内部需要。[2] 苏联心理学家西蒙诺夫教授提出一种对教育学来说十分重要的关于情绪本质的假说，即认识兴趣的本质在于它是一种在不存在功利结果的情况下对认识起促进、强化和激励作用的积极情绪。因此，他认为，在片面强调知识有用的情况下激起

---

① ［日］丸山敏秋：《儿童的不良行为与家庭教育——其现状和今后的课题》，见陈瑛：《中日实践伦理学讨论会实录》，213～218 页，北京，社会科学文献出版社，1993。

② 北京师联教育科学研究所：《当代教学理论基本原理原则与文论选读》，156 页，北京，中国环境科学出版社，2006。

的认识兴趣是扭曲的。

第三，从自尊心的丧失到社会责任感的淡薄。由于人的智能并不总是表现在逻辑—理智方面，也由于以逻辑—理智思维加工方式为标准的现行教育评估体系和选拔制度，相当多的学生的自尊心严重受损。美国青年心理学家仲斯(1980年)把实证研究的发现作为立论基础，提出了一项青少年自尊心的理论，即经验感需求论(Need to Experience Theory)。该理论认为，形成青少年自尊心的经验感需求有三个方面：一是重要感经验之需求。其是指青少年在心理上渴望别人的接纳与支持，这使他感觉到他在团体中与别人一样重要。二是成就感经验之需求。其是指青少年在学业或工作上渴望自己有成就的表现，从而肯定自己的价值。三是有力感经验之需求。指青少年渴望从学业、工作或社交活动中，证明自己具有处事待人的能力，从而产生自信心。[①] 目前，世界上不少地区在升学主义的笼罩下，偏重知识教学，独重逻辑—认知发展，使学业欠佳、迭遭挫折的学生得不到重要感、成就感及有力感的经验，自尊心的经验更无从谈起，而自尊心的丧失则是社会责任意识淡薄的最大情感原因。

第六节　简短的结论

对教育要做完整的理解，不能回避、抽离情感层面，离开情感层面，教育就不可能铸造个人的精神、个人的经验世界，不能发挥脑的完整功能，不能保持对道德的追求，也不能反映人类的人文文化世界。总之，要对教育做文化的理解，而不仅仅是科学的理解，就必须找到

---

① 张春兴：《社会变迁与青少年问题——台湾地区事实的观察与分析》，载《教育心理学报》，1992(25)。

内在的根据，只有情感才能充当人的内在尺度，才是教育走向创造、实现价值理性的根据。

教育事业是具有技术性的操作过程，但是，不能把教育仅仅视为技术性的活动，只注意教育事实的描述、解释与预测，而忽略对教育主体的把握，只关心达到教育目的的手段，而不对教育目的本身的合理性提出批判。

因此，狭义的形而上学（即西方传统哲学）不能构筑完整的教育理论大厦，知性思维方式只能建立科学的，而不具有完整文化内涵的教育观念。如果说早期人类的教育观念是素朴的理性思维，近现代的是知性思维与非理性片面思维的相互抗衡，那么当代应当复归于完整的理性思维，即辩证理性思维，同广义的形而上学联系起来，与人类的终极关怀相通。所以，原有的教育概念必须重新审视，这近乎是一场库恩所说的"范式的革命"——教育思考的范式必须进行革命。

第三章　情感教育形态的历史考察

黑格尔曾在其《哲学史演讲录》第一卷导言中引用赫尔德的话说，我们应该感谢过去的传统，因为传统通过一切变化的因而过去了的东西，结成一条神圣的链子，把前代的创获保存下来，并传给了我们。

人类对自身情感方式的设计、处置受制于一定历史条件下的生产方式、经济发展水平、文化习俗以及悬浮于其上的观念形式。但无论怎样，它们都是人类智慧的表现，都有其合理性和必然性，至今仍然保存或以扬弃的形式积存于当代形态之中。展示它们，再一次证实教育是人类的文化现象，作为文化积累，它不会消失。研究它们，是为了找寻人类思考的轨迹及其内在规律，以科学地展示新的解决方式出现的必然性，确认情感教育的当代形态。

第一节　无意识形而上形态

文化哲学家苏珊·朗格认为，人类的情感从一开始就不是一种无目的的野性宣泄，不是仅仅作为情绪传递的信号而出现的。人类情感生活区别于动物情绪生活的历史是从原始先民开始的。

原始先民没有自觉的情感教育，但是却有处置、安顿自己情绪的独特方式。我们把这种"前教育"形态称作无意识形而上形态。列维-布留尔在《原始思维》中指出，原始人的集体表象在该集体中是世代相传；它们在集体中的每个成员身上留下深刻的烙印，同时根据不同情况，引起该集体中每个成员对有关客体产生尊敬、恐惧、崇拜等感情。[1] 他提出，原始人用与我们相同的眼睛来看，但是用与我们不同的意识来感知。可以说，他们的知觉是由或多或少浓厚的一层具有社会来源的表象所包围着的核心组成的。[2] 人类早期的这种情形与儿童早期十分相似，他们在那个时期是被无意识统治的。原始先民情感教育的最基本形式是两大类：祭礼与神话。

祭礼，包括"法术"，各种形式的巫术，各种以情绪化的姿态符号出现，后来被称为"原始艺术"的音乐、舞蹈，以及图腾崇拜和其他神圣形式。有研究把"法术"和早期艺术看作原始宗教产生前的"前宗教""前科学"，那时原始人并不把自然现象神化，对其顶礼膜拜，而是企图通过自己的手段或"法术"，利用某种特殊的自然力，以影响和控制环境。每一种艺术活动都建立在这样的信念上，即自然界的作用在很大程度上依赖于人的行为，人可以通过情绪化的艺术形式学会操纵自然。因此，每一领域都有自己的艺术规则，如农耕、打猎、捕鱼等都各有其特殊规则。而且，不同的民族具有不同的艺术形式。人类学家马林诺夫斯基的考察结论是，在不需要人类特别的勇气或忍耐力的任务中，就看不到巫术和神话。一个特殊工作越是困难，越是危险，巫术礼仪就显得越发必要。也就是说，只是在情感极度紧张的情况下，人才诉之于巫术礼仪，从而寄托自己的紧张、恐惧，同时表现自己的力量。所以，巫术可以说是原始人必须经过的第一个学校——巫术技术要求最高度的注意力和一切努力的紧张凝聚，否则，可能导致巫术

① ［法］列维-布留尔：《原始思维》，丁由译，5页，北京，商务印书馆，1981。

② ［法］列维-布留尔：《原始思维》，丁由译，35页，北京，商务印书馆，1981。

失去效力。况且，这一努力即使不能达到意欲的目的，实现人的希求，也教会了人相信自己的力量，不必只是服从自然的力量，而是凭着精神的力量去调节和控制自然力。

原始艺术是一种情绪化的姿态符号。在共同的生产、生活过程中，原始人用越来越多样的艺术形式寄托自己的感情和想象。例如，在狩猎前模拟兽类的动作而跳舞，在捕鸟时模仿鸟类的啼叫而歌唱；在战争舞中表现复仇的义愤、勇敢的激情以及对英雄的崇拜；在念咒舞和埋葬舞中表现原始人希望用各种超自然的力量为自己谋福利的愿望。

图腾偶像崇拜及其观念是原始宗教的萌芽状态。原始人把与自己的物质生活有密切联系的某些动植物想象为人类的祖先，将人对不能征服自然的恐惧感通过祖先崇拜转化为心理上的安全感、精神上的慰藉。

祭礼一类的原始神性活动，在人类思想史、教育史上主要是从艺术教育作用这一角度进行考察的，把它们归因于人的模仿本能，归因于人的娱乐需要。美术史上著名的"模仿说"和"怡性说"就是源于这样的前提假设。苏珊·朗格提出不同的看法，认为"它自然不是传达某种情绪的信号，而是表现情感的一种符号"。这种用人类身体的各种姿势充当符号形式的做法可以说是人类符号行为的第一线曙光，是第一种文化教育形态。

神话是人类最初精神活动中的又一种情感教育形式。它开始于一种无意识的过程，却结束于一种永久的有意味的形式。神话是原始思维的产物。与现代人相比较，原始人在智力上一个最为明显的差别，就是缺乏真实世界与表象世界的绝对界线。原始人对于自然事物的理解，既不是纯理性的，也不是纯实践的，而是一种交感的。

神话开始于幻想，即主观的、个人的梦的叙述。人类很早就会讲故事，这是人类最低阶段想象力的表现。最初采取口头述梦的方式，后来，幻想的、述梦的、以自我为中心的故事逐渐被赋予了人的意义，遂成为神话。神话自身的发展轨迹是从独立神话发展为体系神话，从口头神话发展为见诸文字。前者主要是氏族公社制和原始思维的产物，后者已渗入早期文明社会和逻辑思维的诸多因素。神话思维创造的世界，实际上是原始人通过爱与恨、恐怖与希望、欢乐与悲哀等情感和幻想创造的一个特定的表象世界。它用一个个例证、一个个形象指向无限的普遍性，显示绝对，把现世中人的所有关切和愿望寄托于众神，表现原始人对永恒、绝对、终极价值的追求。从科学思维的意义上来看，它是荒谬的、虚假的；但从原始思维的意义上来看，它是合理的、真实的。所以，卡西尔提出，神话的真正基质不是思维的基质而是情感的基质。①

为什么可以把祭礼和神话看作情感教育的初级形式呢？第一，它们是原始人生命情绪的自我满足形式。原始人对生命的祈求，对死亡的规避，对人与人之间互助协作的渴望，对理想人物、理想世界的憧憬，等等，都通过这类牺牲、祈祷和幻想的方式得以满足。这一满足不是当下感性欲望的满足，而是超越当下的形而上的满足。在祭礼中，人企图通过这样一个行为过程造成某种意义的统一，从而使人意识到神，使神意识到人。其中的牺牲、贡献和祈祷，目的在于跨越人与神之间的鸿沟。在神话中，人与自然、个体与世界整体、瞬间与永恒、自我与绝对、存在者与存在、现实世界与想象世界浑然一体。神话实际上是通过将人的生存神圣化的方式满足人的终极关怀，正如列维-布留尔所指出的，对原始人的思维来说，神话既是社会集体与它现在和过去的自身和与它周围存在物集体的结为一体的表现，同时又是保持和唤醒这种一体感的手段。② 第二，在这些形式中表露出的朴素的道义感、真诚的友谊、对自然现象的好奇心及征服自然的愿望，不仅是

---

① ［德］恩斯特·卡西尔：《人论》，甘阳译，104 页，上海，上海译文出版社，1985。
② ［法］列维-布留尔：《原始思维》，丁由译，438 页，北京，商务印书馆，1981。

相互感染的教育形式，而且也是陶冶自我、寄托情感、平衡心理的自我教育形式。

总之，无论是祭礼的各种具体形式还是神话，原始初民都是一方面借助想象以征服自然力，另一方面塑造心目中的英雄形象，表达自己的精神追求，反映作为人类本性而存在的实现自身外在和内在超越的要求。由于这种形而上的冲动超越感性、超越自然，所以，对人与宇宙统一、主体与客体统一的追求是自发的、无意识的，是通过拟人、移情、主观投射实现的。严格说来，这还不是完整意义上的情感教育，只是教育的萌芽，人类科学思维、道德思维的萌芽。对于这样的一种情感走向，尼采评价为"民族早期生活的无意识的形而上学""对生命的真正意义即形而上学意义的无意识的内在信念"[1]，这是准确的。

通过对无意识形而上的情感教育的追寻，我们可以从那些饱含原始人情感的原始宗教、艺术形式中发现原始人的古朴道义感、原始力度感以及对人的健康本能的肯定态度，把握原始人对人与宇宙合一的追求，体会他们切实感受到的与本义上的自然之形分与联系，从而理解现代人情感中历史沉淀的无意识萌动，理解个体在情感发生上所经过的道路。儿童所表现的无意识的、自发的超越当下感性冲动的思维品质是极其宝贵的，需要加倍爱护。更为重要的是，人类初民时期的情感教育形态恰恰证明，人类教育正是从情感层面，以感受情绪化方式开始的，而不是从逻辑—概念层面，以逻辑—理智化方式开始的——情感教育在人类教育中奠基性的重要地位不是不言而喻了吗？

---

[1] ［德］尼采：《悲剧的诞生——尼采美学文选》，周国平译，102、12 页，北京，生活·读书·新知三联书店，1986。

第二节　伦理道德形态

卡西尔指出，从历史的观点来看，要在宗教和道德两种根源之间保持泾渭分明的界限是非常困难的。[①] 伦理道德的最初形态是原始禁忌（taboo）。也就是说，道德与宗教都从原始人的禁忌体系中脱胎而来。禁忌是种系图求适应生存的产物，它的本质是不依靠经验就先天地把某些事情说成是危险的，从而造成人对超自然力量的神秘感、畏惧感。尽管它严重悖逆个体原欲，但由于种系的生存具有至高无上的地位，所以集体规则对个体的压抑总会在个人内心激起"尊重"的感情。著名宗教史家文杰斯对此的评论是：如果那时不存在那种信仰，那么也就没有现在的道德，从而也就没有文明……它包藏并保护着一个就要开花并结出无价之果的胚胎——社会契约的胚胎。[②] 禁忌主要用恐惧感调节同异己的、局外的、具有潜在敌对性的人的关系。

再往后，便是用"自己人"（内部）舆论所引起的羞耻感与荣誉感来调节人与群体、人与人的关系。羞耻感保证着人遵守群体规则，履行对"自己人"的义务。羞耻感虽然以较高的自觉水平为前提，但是只在一定的人群内部发生作用；虽然是"内在"体验，但是以环顾周围的人为前提。所以，羞耻感也可以说是在"自己人"面前感到恐惧。苏联学者科恩的考察研究认为，在羞耻感与荣誉感这一情感范畴之上的是过失感与尊严感。过失感是内在的和主观的情感，意味着自我审判。尊严感不同于荣誉感之处在于个体性和内在性：荣誉由他人授予，也可以由他人夺走，而自身尊严须由人自己建立，无需外部确认。过失感

---

① ［德］恩斯特·卡西尔：《人论》，甘阳译，104 页，上海，上海译文出版社，1985。
② ［德］恩斯特·卡西尔：《人论》，甘阳译，134 页，上海，上海译文出版社，1985。

的出现意味着道德调节有了个体监督的机制。仅仅靠社会舆论不能发展人的过失感与尊严感，它需要伴随自我意识觉醒后的道德认知。

伦理道德形态从习俗水平发展到反省水平，西方是在古希腊文化时代，中国是在先秦时代，其标志是关于善恶的伦理范畴的出现。在西方，苏格拉底被公认为伦理学的创始人。他主张哲学就是研究伦理问题，研究人的善，而所谓人的善，是指符合于德性（arete）的思想活动，如果德性有多种的话，那么，就是指符合最好最积极的思想活动。由苏格拉底奠基，经柏拉图到亚里士多德，伦理道德的理性主义框架构建完成。其中虽有不同的致德的具体思路，但都主张用伦理道德概念教育人按照"应当"的法则来规约自己的内心（情感）生活，以适应人与他人及社会集团的关系。苏格拉底用对话的方式授人反省测量术（Metreiike techui）。① 他认为没有反省的生活，不是人的生活。柏拉图以"理念"说为根据，提出：善的生活并非充分满足自己的欲望，而是用正义来调节欲望的满足。《斐利布斯》反复讨论"善"是快乐的情感还是快乐的思想，结论是：最幸福的人生应当包含快乐的情感和快乐的思想这两种成分，但两者相比，快乐的思想应占首位。因此，他主张由哲学家来治理国家，在教育中慎重地选择内容，反对那些煽动人的情欲的内容，在教学方法上用对善的理念的回忆来克服"五官感受"的偏见，克制人的自然欲望。柏拉图之后，希腊化时期和罗马帝国时期的斯多葛派更是强调"克欲"是道德生活的主要内容。他们认为，人的情感与欲望虽然是人最初所具有的，但这不属于人的道德生活境界，而是人的精神中一种不合理的状态，因而，只有排除个人自我满足的情感和欲望，才能达到精神上的"圆满"和心灵上的"和谐"，也才能有

---

① 参见［古希腊］柏拉图：《波罗塔哥拉》，邝健行译，台北，中国文化大学出版社，1985。

所谓德性可言。因此，我们可以把由于理性而没有任何情欲，没有任何恐惧的人叫幸福的人。① 在西方，即使主张快乐主义伦理思想的德谟克利特和伊壁鸠鲁学派也承认快乐的感受有两种，即肉体快乐和心灵快乐，前者是低等的，后者是高等的。低等快乐是高等快乐的手段和基础。人必须保持自然而必要的欲望，以保证身体健康，同时，又要节制物质欲求，对非分的财产、肉欲等不动心，从而实现灵魂安静。他们把这种情感上的安宁境界称作淡泊（ataraxia）。淡泊是最高的道德境界，也是真正的快乐。亚里士多德的伦理道德主张介于德谟克利特和柏拉图之间，他反对神秘主义和禁欲主义的伦理观，注重现实生活中的伦理关系和品行研究，强调个人的幸福和城邦整体幸福的统一。他明确指出，在灵魂中可以发现三种东西：情感、能力和性格状态，而美德必定是它们的一个方面……情感是所有这样的感觉：它们改变着人们，影响着人们的判断，并且还伴随着愉快和痛苦的感觉。这类情感有愤怒、怜悯、恐惧等，以及与它们对应的情感。② 亚里士多德对情欲在人的精神系统中的作用有更多的肯定，他不主张压制情欲，而是赞成调节情欲、净化情欲。所谓调节，是指把情欲控制在适度，而不是不及或过度。比如勇敢，其过度是鲁莽，其不及是怯懦；再如节制，其过度是纵欲放荡，其不及是麻木。亚里士多德认为品德教育属于人的灵魂中情感、欲望等非理性部分的培养问题，它训练人用理性抑制感情、欲望，同时又使感情、欲望得到合理发挥，从而使人具有好的品格，拥有实践方面的真理。因此，他在品德教育中十分重视音乐、绘画等手段的运用。

---

① 周辅成：《西方伦理学名著选辑》上卷，51 页，北京，商务印书馆，1964。
② ［古希腊］亚里士多德：《尼各马科伦理学》，苗力田译，82、112 页，北京，中国社会科学出版社，1990。

总之，西方早期在人的情感安顿、设计及培养等方面是以用道德理性调节情感为主导思想的。理性是宇宙中普遍存在的、永恒的"逻各斯"，即规律、法规。宇宙自然有逻各斯，人生行为也有逻各斯，不同之处在于后者是靠行为去实现的法则，所以又称实践理性。伦理道德形态对人的情感的影响即是通过对道德理性的认识、理解，通过意志对情欲的驾驭而最终实现的。

　　东方文化从中国先秦的儒家思想开始，也强调用道德理性调节情感，但是，儒家的理性概念不同于西方。它既具有西方理性的内涵，又更强调它是情感之理、人情之理。儒家提倡的五常——亲、义、别、序、信，都是建立在人伦关系之上的。例如，孟子曰："使契为司徒，教人以伦：父子有亲，君臣有义，夫妇有别，长幼有序，朋友有信。"《孟子·滕文公上》在五伦中，父子、夫妇、兄弟属家族亲子关系，其感情是本于自然的，而君臣、朋友属于社会关系，其感情是后天衍生的，伦理生活由家族而扩充为社会，其原型是亲子。由于仁爱感是植根于氏族血缘关系的一种使人区别于动物的普遍的心理要求，不是从外部强加于人的东西，而是个体内在固有的东西，每个人只要自觉实行它，就能获得满足和快乐的人生体验。孟子继承"仁"的基本内涵，也倡导"仁者爱人"《孟子·离娄下》，但又有所发展，明确具有道德含义的情感还包含仁义感，认为"恻隐之心，仁之端也"《孟子·公孙丑上》。恻隐之心即不忍之心，是人发自内心的真实情感，典型的是"见孺子将入于井"后产生的怜悯之心。在实现这一建立在人伦情感之上的道德情感境界时，中国文化比起西方文化更具有人文特色。

　　首先，它用礼乐化育人的情感。我国西周时期形成的"六艺"之教就重视礼和乐的教化作用，"乐也者，动于内者也"，旨在"齐民俗，一民心"。其次，它把社会舆论作为行为激励与制裁的机制。"耻"与"恥"相通：一为"止"与"耳"，即听到别人的议论后，就终止自己的行为；

一为"心"与"耳"，即听到外界的舆论后，在思想上引起反应，从而调整自己的行为。再次，它依靠人际感通的机制。仁者爱人，爱人者有善报，憎人者有恶报。"仁者爱人"的情感原则向忠恕精神延伸。所谓忠，是尽己之心；所谓恕，是推己之心。"夫仁者，己欲立而立人，己欲达而达人"(《论语·雍也》)，"己所不欲，勿施于人"(《论语·卫灵公》)。这一情感，强调的是设身处地，从自己的感受、愿望出发，推想他人的感受、愿望，由此沟通社会人际，维持社会的凝聚力。相比西方的伦理道德形态，东方文化对情感的调节、教化具有很大的真实性，人伦情感的培养和强调使人类的伦理道德生活具有十分可靠的基础，使社会生活洋溢着浓浓的人情味和盎然的情趣。这一深深扎根于中国文化的伦理情感经久不衰，历久弥新，其稳定性和一贯性举世瞩目。

相反，由于西方道德理性对情感的调节是冷冰冰的，缺少客观性、现实性，近代以后便不断有相反、对立思路的较量与抗衡。近代教育思想史上比较完整的有英国沙甫兹伯利和法国卢梭的思想。他们都把情感看作道德的基础，反对将理性作为道德的基础。沙甫兹伯利认为，人的社会性情感一定是人的一种最自然的情感，它肯定先于社会而存在，否则社会的存在就不可能了。因此，人的善恶观念与上帝没有关系，道德是独立于宗教的。通过教育和实践，而不是靠神的惩罚，人能养成有德的性情。后来卢梭的观点更加明确，他认为，思考的状态是违反自然的一种状态。所有思想都是人从外界得来的，但某些感情却是人心中固有的。所以，卢梭直接将道德教育看作一种情感教育，认为良心的作用并不是判断，而是感觉，这些情感是对自己的爱、对痛苦的忧虑、对死亡的恐惧和对幸福的向往①；他还认为道德教育就

---

① ［法］卢梭：《爱弥儿 论教育》，李平沤译，416 页，北京，商务印书馆，1978。

是教人自爱，然后扩大至爱人。在他之后的裴斯泰洛齐等一批人文主义教育家都持有类似的观点，把道德教育视作一种情感培养的教育。

第三节　审美形态

美是人类原始体验的一种。作为自发的情感体验，美感的出现比道德感要早。但是，以自觉的审美意识处置、规约、升华情感，却是出现在原始文化瓦解之后。原始艺术的巫术性质，使其不能现实地把握世界，更不能超越现实文化而具有审美意义。原始文化的两种类型——神话传统与巫术礼仪——抽象化为知识文化和价值文化的同时，又转化为再现艺术和表现艺术。史诗即是神话传统向艺术转化的过渡形式，经过史诗的中介，产生再现艺术。表现艺术则从巫术礼仪脱胎而来，中国的民间歌舞起源于社赛活动，古希腊戏剧起源于"酒神节"的宗教仪式。由于艺术的意象性特征、象征性特征、动情性特征和开放性特征与人的情感及心理能量有着特别密切的关系，古代东西方思想家在对人的本质、人生意义进行思考的同时，也开始自觉地研究艺术审美与人的情感的关系，情感教育的审美形态即由此发轫。

中国古代的西周初年，学校为王侯贵族专有，从所谓的"学在王宫""春诵夏弦"可见审美教育已占有很大比重。至孔子时，"天子失官，学在四夷"，但以美育情的传统依然在许多私学中沿袭下来。孔子使用的教材主要是《诗》。《史记·孔子世家》中提到，《诗》"三百五篇孔子皆弦歌之，以求合《韶》《武》《雅》《颂》之音。"这里的"弦"指琴瑟，"歌"指口唱，并可用乐器伴奏，可见此时的审美教育形式是将诗、乐、歌、舞融为一体的。其时审美活动的目的，孔子明确为三部曲，即"兴于诗，立于礼，成于乐"。他把《诗经》作为基本教材，在此基础上确立立身行事的准则，而知诗循礼后，还必须通过音乐教育怡情养性，净化心灵。只有这样，才能使客观存在的伦理道德和行为规范化为学生的主观本能。对音乐与人的情感发展的关系以及中国传统审美形态对人的情感导向，阐述得最完整的是《礼记》中的《乐记》。《乐记》将"乐"与人类的情感表现联系起来——"夫乐者乐也，人情之所不能免也"；"情动于中，故形于声"；"人不能无乐，乐则不能无形，形而不为道，则不能无乱"。各具个性的人"感物而动"，自然有"哀心""喜心""乐心""怒心""敬心""爱心"等不同的表现，人的情感表现一旦不合度数，就会导致不良后果，审美的使命在于通过"乐"来诱导、调节、控制"人情"的发展，使七情不至于漫无限制地表露出来，从而达到"乐而不乱""乐而不淫""乐而不荒"的中和之美。对于诗文，中国古代同样强调"抒情以人理"，认为"理语不可入诗中，诗境不可出理外"。这样一种传统的审美形态将伦理与审美合为一体，情感的最高境界也就是伦理的最高境界。不仅艺术审美如此，自然审美也是如此。孔子认为自然物之所以美，是因为它们的形象本身表现出与人的美德相类似的特征；仁者之所以感到山美，是因为山显示了仁者所推崇的道德品质。《诗经》中的许多"比""兴"，就是这种审美现象的反映。在中国，这一独特的富于伦理精神的审美意识造成的是长达两千多年之久的古典主义审美传统。该传统在人的情感教育方面具有下述功能：第一，审美具有超越现实世界的水平，具有不同流俗、不趋利害的超越自由之感，这一情感教育的功能根本上说是发挥了人的审美情感的本体价值，服务于人的自我享用、自我发展、自我实现的人生目的。中国艺术重意境、气韵，抒情短诗和山水画比较突出地表现了这方面的功能。第二，把艺术审美作为中介环节，或者作为手段，促进道德情感和宗教情感的形成。道德与宗教本质上是外部精神实体对人的感性欲望的强制、规约，人利用意志的力量建立信仰系统，指望在来世实现善和完满。审美则不同，它直接诉诸人的情感，使人在艺术欣赏中获得道德的内涵。

例如，从早期孔子和汉儒诗说中可以看到，比较普遍地存在着对诗的社会政治功用的要求。再例如，唐诗作为古典主义发展的最高峰，充满了请缨报国、博取功名的理性精神，以及对于国运民生的崇高责任感。

近现代主张用审美化育情感的代表人物是蔡元培。他受到西方美学理论(特别是康德的美学理论)的影响，继承了我国古代美育的传统，做了有利于反对封建专制和宗教迷信的解释，把美育确定为新式教育方针的内容之一并加以实践。他把美育的功能直接解释为化育情感，指出，人人都有感情，而并非都有伟大而高尚的行为，这由于感情推动力的薄弱。要转弱而为强，转薄而为厚，有待于陶养。陶养的工具，为美的对象；陶养的作用，叫作美育。① 蔡元培的美育思想对中国古代美育的超越在于，他在近代文明的基础上把美感与道德情感、宗教情感区分开来，提出了"用美育代宗教"的新型审美思想。他认为，人类早期知、情、意的作用混沌，因而都成为宗教的附属物，特别是人的美感活动常作为诱人信仰的方法和祈祷的仪式，以培养人们的宗教感情。但是，随着社会文明的进步，知、情、意三种精神作用逐渐分属于不同的研究对象，取得了相对的独立性，这就为摆脱宗教的束缚与役使奠定了理论基础。蔡元培认为，任何宗教都避免不了"扩张己教，攻击异教"的褊狭性；是"激刺感情"而不是"陶养感情"。宗教不能超越现象世界的利害关系和人我偏见，唯有美育能把人从现象世界的必然引向实体世界的自由。

西方教育思想史上，柏拉图最早完整地探讨了审美与情感教育的关系，其主要思想集中体现在《对话集》和《理想国》两部名著中。

首先，柏拉图肯定艺术作为美的最高形式，它的任务是感动心灵。美的功能就是"感动心灵"，它的对象"无疑就是心灵"。他认为，音乐

① 蔡元培：《中国人的修养》，256页，北京，北京理工大学出版社，2016。

教育比起其他都重要得多①，因为音乐的节奏与和谐能够侵入人的心灵深处，使人心灵得到美化。为了真正达到使心灵既美且善的目的，必须选择有利于心灵美的好的音乐。至于在绘画和雕刻作品中描绘邪恶、放荡、卑鄙和龌龊，则是不能容许的。对于诗歌，柏拉图的看法很偏执，他认为当我们的淫欲、愤恨、欲念、悲痛等经验本来应该枯萎的时候，诗的想象力却灌溉它们，滋养它们。② 因此，他主张将诗人逐出"理想国"。

其次，柏拉图十分重视美育方法，强调应针对不同的心灵进行不同方式的审美教育。柏拉图特别重视儿童的早期教育，认为儿童的心灵幼小柔嫩，必须慎重地予以对待，力求用最优美、最高尚的故事去陶冶，而不能用强制、生硬、粗暴的方法。只有这样，受教育者才会如坐春风，如沾化雨，潜移默化，不知不觉间受到熏陶，从小就和优美、理智融合为一。③

亚里士多德审美教育思想的核心是"净化"。"净化"包括三方面含义：教育、净化、精神享受。④ 他主张通过音乐和其他艺术，使某种过分强烈的情绪因宣泄而达到平静，并由此恢复和保持心理的健康。亚里士多德认为，这是一种无害的"快感"。审美教育的目的是通过艺术等途径，适当地满足人的快感，从而实现人的心灵的高级快感——美感。在诸多快感中，亚里士多德还进一步指出，最大的快感是"自我觉识"，即人在审美观照中，精神得到升华和净化，看到自己的理性、道德、才能和智慧，这样，亚里士多德对审美与情感发展关系的分析

---

① ［古希腊］柏拉图：《文艺对话集》，朱光潜译，161～162页，北京，人民文学出版社，1963。
② ［德］恩斯特·卡西尔：《人论》，甘阳译，179页，北京，西苑出版社，2003。
③ 单中惠、杨汉麟：《西方教育学名著提要》，13页，南昌，江西人民出版社，2000。
④ 朱光潜：《西方美学史》上卷，88页，北京，人民文学出版社，1979。

便上升到了一个较高的层次。

古希腊之后，西方关于审美和情感教育的关系主要有以下一些有代表性的认识。

第一，无功利说。早在中世纪，意大利神学家托马斯·阿奎那就曾指出，美在本质上与欲念无关。其后，英国经验主义哲学家贝克莱也指出，爱指的是在观照任何一个美的东西（不论其本性如何）的时候心灵上所产生的满足感……欲望或激情则是我们心灵中驱使我们去占有某些对象的一种力量。康德更是详尽地论述了审美判断的无利害感。审美满足的超功利性帮助人克服生理感官上的占有欲，使人的情感超凡脱俗，品味高尚。

第二，感性与理性沟通说。德国思想家席勒认为审美教育的目的是使人格达到感性和理性的完美融合。他认为感性冲动和形式冲动是人类内在本性中固有的东西，感性冲动要求变化，形式冲动要求不变，这就需要新的冲动使它们结合在一起：使人的感性达到形式，使人的形式达到感性。他指出，美可以成为一种手段，人由素材达到形式，由感觉达到规律，由有限存在达到无限存在。[①] 所以，由审美状态到逻辑和道德状态（即由美到真理和义务）与由自然状态到审美状态（即由单纯盲目的生活到形式）相比，其步骤要容易得多。[②] 而且，这并非意味着要从形式达到感性，从而消除形式，而是通过感性和形式的交融，从而达到审美自身。

第三，理性本质的感性显现说。这是以黑格尔为代表的理性主义审美思想的核心观点。黑格尔认为艺术作品用意在于引起情感，说得

① ［德］席勒：《审美教育书简》，冯至、范大灿译，95～101 页，北京，北京大学出版社，1985。

② ［德］席勒：《审美教育书简》，冯至、范大灿译，116～122 页，北京，北京大学出版社，1985。

更确切一些，引起适合我们的那种情感，即快感。① 在艺术里，感性的东西是经过心灵化了，而心灵的东西也借感性化而显现出来。② 按照这种解释，审美形态便以其意蕴的理智性使人的情感获得理性的本质。

第四，构型（formative）说。西方美学思想认为艺术是通过构型来表现的，这种构型过程是在某种感情媒介物中进行的。例如诗是以形象、声音、韵律写成的，每一首伟大的抒情诗中都能够发现这种具体的不可分割的统一性。画家向人显示外部事物的各种形式，戏剧家向人显示内部生活的各种形式。所以，人有一种构型的本性，一旦他的生存变得安定，这种本性立刻就活跃起来。当人进行审美观照时，在艺术形式中感受到的不是单纯的或单一的情感性质，而是生命本身的动态过程。也就是说，在艺术家的作品中，情感本身的力量已经成为一种构成力量，它使欣赏者的情感改变了原有的形式，变为自由而积极的状态。

第五，发现说。卡西尔认为，语言和科学是对实在的缩写，艺术则是对实在的夸张。艺术不追求事物的性质或原因，而是给我们直观的事物形式，但这绝不是对原先已有的某种东西的简单复制，而是名副其实的发现。艺术家是自然的各种形式的发现者，正像科学家是各种事实或自然法则的发现者一样。事物的各个侧面是数不清的，而且它们时时刻刻都在变化着。展示事物的这种不可穷尽性是艺术的最大特权之一和最强魅力之一。因此，审美经验孕育着在普通感觉经验中永远不可能实现的无限可能性。通过审美，人的情绪感受更为多样化并且到达更为复杂的层次。

总之，所有的审美主张都承认，审美有使感官愉悦并引起快感的功能。快感本身不是一种单纯的感受，而是一种功能——给人秩序的

---

① ② ［德］黑格尔：《美学》，朱光潜译，40 页，北京，商务印书馆，1979。

功能：科学在思想中给予我们秩序；道德在行动中给予我们秩序；艺术则在对可见、可触、可闻的外观的把握中给予我们秩序。①

第四节　宗教形态

在情感的无意识形而上的时代，原始宗教一直是人类表达和转移恐惧感、神秘感，求得精神平衡的主要武器。

作为人类完整的信仰系统，宗教有自己的经典。世界性的几大宗教都是在阶级矛盾尖锐、民族战争频繁的时代背景中产生的。"在当时的情况下，出路只能在宗教领域内。"②"他们既然对物质上的解放感到绝望，就去追求精神上的解放来代替，就会追寻思想上的安慰，以摆脱完全绝望的处境。"③因此，早期宗教情感的调值基本上是强调顺从、忍耐、弃世、禁欲，将爱心和信任投向人格化的神，将希望投向未来的彼岸。

宗教形态主要用以下一些思想观念诉诸人的情感。

第一，用"神恩说"激起对全知全能、道德高尚的上帝的敬畏感、神秘感和圣洁感。各种宗教都宣扬自己的创始人或宗教领袖的传奇经历，让人们从情感上服膺以至顶礼膜拜。

第二，基督教宣扬"原罪说"，即人类本身原是有罪的，人的精神生活历程应该是从上帝出发，通过赎罪劳作，净化自己的灵魂，最后回到上帝的怀抱。"原罪说"导致了人的赎罪意识和忏悔行为的产生。

第三，佛教用"因果报应"说建立扬善抑恶的情感取向，不仅对人的道德规约有一定作用，而且在一定程度上满足人们因今世不得而将

---

① ［德］恩斯特·卡西尔：《人论》，甘阳译，213 页，上海，上海译文出版社，1985。
② 《马克思恩格思选集》第 4 卷，473 页，北京，人民出版社，1995。
③ 《马克思恩格思全集》第 19 卷，334 页，北京，人民出版社，1963。

惩恶寄于来世的情感需求。

第四，各种宗教都用彼岸世界的美好平衡，安慰现实矛盾冲突中的情感失衡。宗教形态区别于道德形态和一般审美形态最明显的特征是它的超现实性，即彼岸性。在现实世界，人的愿望并不是总能全部得到满足的，人自身的有限性与宇宙存在的无限性之间的矛盾是人类情感中的最大遗憾。宗教便通过对天堂之富丽堂皇、个体之修炼成仙的描绘，来缓解现实情感生活中的痛苦。

宗教形态对人的情感进行教育主要不是采取科学的系统论证的方式。虽然中世纪奥古斯丁的宗教思想是体系化的，后来阿奎那又用哲学论证将其发展为神学宗教，并且，宗教教育也开设课程，讲述宗教经典；但是，宗教用以调动人们信教情绪的手段主要是艺术手段。恰如黑格尔所指出的，宗教往往利用艺术，来使我们更好地感到宗教的真理，或是用图像说明宗教真理以便于想象。[1] 宗教用文学性的典籍虚设神灵，以形象的而非抽象的"神"的全知全能、大慈大悲和高风亮节，去赢得人们的热爱之情、敬畏之心。例如，基督教的《圣经》作为世界文化宝库中的一颗明珠，可以说是为人们的情感生活提供了丰赡详尽的素材。各种宗教仪式都强调渲染一种庄严、肃穆的气氛，或者借助音乐，或者借助建筑，或者借助象征物。在文艺复兴时代的末期，宗教法令规定，举行弥撒仪式时，必须配以清晰而适宜的合唱歌曲，如配加花的音乐或风琴音乐，其取材必须来自圣歌和赞歌，一切世俗曲调，均不许用[2]。中国的寺院则从六朝开始，用"转读""唱导"的形式来宣讲教义。"哥特式"教堂以其灵巧的结构、上升的线条、奇异的造型和斑斓的玻璃，使人肃然起敬。其内部装饰的有意识变形，如雕

---

① ［德］黑格尔：《美学》，朱光潜译，138 页，北京，商务印书馆，1979。

② 张洪岛：《欧洲音乐史》，29 页，北京，人民音乐出版社，1983。

刻的人体被拉长、动作过分夸张等，使礼拜者产生一种非人间的、远离尘世的神秘感。在这样一种气氛熏染下，教徒通过自我反省、检讨过失，获得一种神交的心理感受，精神重负得以释放，心灵失衡得以缓解。宗教的象征物在情感教育中起很大的作用，它有时是某种神秘观念的符号，有时是某种宗教教义的演绎和具象化。宗教观念一旦与某个具体物象符号产生了指代关系，就会比较稳定地凝聚下来，并作为某种特定感情的触发物，与其形成固定的联系。正因为如此，宗教情感比较类型化，它更强调稳定性而不富于变易性，更强调共同感受而不像审美情感那样富于个性。

宗教情感作为人对世界和自身状况的一种"态度"，其重要的"情绪状态"是"心境"和"激情"。"心境"是一种表面上平静如水的常驻形态。无论哪种宗教，都提倡通过情感净化而达到圣洁，主张对人类的欲望系统进行限制或抑制，强调人不能为短暂的、世俗的快乐所动，应当使自己的情感服从于普遍、绝对的观念，即具有永恒价值、永恒意义的东西，其目的就在于引导人避免现实矛盾纠葛中的孤独、烦恼和失落，走向某种自由的境地。另外，宗教并不要求人们的情感世界死寂，相反，它往往煽动或激发人们狂热的、执着的激情，去委身或依赖于某种东西。维特根斯坦觉得宗教信仰只可能是像充满决心地接受一个参考系那样的某种东西。宗教的这两种情绪状态，在不同宗教中各有偏重。西方基督教、印度佛教突出的是"激情"，中国佛教、道教突出的是"心境"；基督教强调"爱"和"献身"——爱上帝和献身上帝，中国佛教强调"境"和"持身"——内心平静，"入定"，无所他求。

因此，宗教形态对人的情感教育具有双重功能：一方面，它"无人的情感"，对人的情感世界的限制近于专横冷酷，是违反人性、剥夺人性的；另一方面，它又"保持人之为人的情感"，使人在激烈的矛盾冲突中保持人格的独立性、精神的纯洁性。一方面，它是对现实矛盾、人世纷争的逃避、超脱，表现为顺从、敬畏、忍让；另一方面，它又是对这种矛盾、纷争的焦虑、反思和抗争，表现为深切的忧患意识和悲天悯人的情怀。马克思在《〈黑格尔哲学批判〉导言》里关于宗教是"无情世界的感情""没有精神状态的精神"的论述辩证地揭示了宗教情感教育深刻的内在矛盾。

第五节　科学理智形态

科学是人的智力发展过程中的最后一站。它可以被看成是人类最高级、最独特的文化成就，是一种只有在独特条件下才能得到发展，出现得非常晚而非常精致的存在。在古希腊以前，甚至连特定意义的科学概念都不存在，但是，包裹在自然哲学中的自然科学从开始就与人的审美追求和趣味熏陶结下了不解之缘。例如，古希腊的毕达哥拉斯学派首先从数学和声学出发，研究声音节奏的和谐，认为声音的"质"的差别都是由发音体的"量"的差别所决定的。他们认为万物起源于数，数的和谐既是科学的源泉也是艺术的源泉。柏拉图也认为，对数学结构的追求归根结底是对适度、匀称、和谐、有序的追求。追求科学的和谐美感也是中国古代科学的旨趣。例如，《易经》在编排上就体现出追求卦画、爻辞的对称与均衡、变化与秩序以及语言的节奏韵律美。西方思想史上真正触及科学理智活动的情感教育，是从17世纪的笛卡尔时代开始的。他从思维活动的伦理效应出发，在《论心灵的感情》一书中推出了新观念——用理智对感情做限制，使感情与意志冲动区别开来。后来，斯宾诺莎着手研究认识是不是道德的一个能动要素，提出要把认识真理变成对真理的爱恋，变成欢乐之源。他把科学认识带来的感情称作"理智的爱"，并认为这是永恒的、无尽的欢乐。

科学理智活动为什么是情感之源呢？这可以从以下几个方面进行

分析。首先，科学所引起的人的认识活动是个无限系列。苏联科学史家库兹涅佐夫指出，科学中的疑问成分、谜和难题，促使科学向新的概念，而有时则是向新的基本概念过渡，这乃是科学之所以具有感情效果的根源。① 他认为，正是认识的这个无限系列构成了认识的感情效果、美学价值和道德价值的基础。对科学的无限系列的探求化育着人类许多优秀的情感品质，如由思维劳动带来的喜悦、快乐以及由此产生的继续探索未知的好奇、冲动。好奇和冲动是正常人（特别是儿童）思维中的一种极其宝贵的情感品质，因为它是人追求完美和谐的本性。运用智力是人的本质力量的表现，由此而来的喜悦感和欢乐体验可以酿造一个人的尊严感。当今，有的教育家从教育的角度考察科学（包括学生的认知学习）对人的情感的作用，具有说服力的个案表明，这种喜悦之情正是情操的本质。

其次，科学探索的无限系列使人产生对大自然内在统一、和谐和秩序的敬畏感。在基督教文化传统中，人在造物主面前因自己的渺小而谦卑，然而内心与神的契合又使其感到了不起。在这两种率直的感受的冲突中，人体验到神秘无比的敬畏感。爱因斯坦、斯宾诺莎把科学理智感比作宇宙宗教感情，认为同一般人通常所称的宗教情感大不相同，它在很大程度上是对物质宇宙的结构模式所产生的一种敬畏之情。这里指的正是人对秩序、对崇高、对永恒的服膺和尊敬心理。科学之所以使人产生敬畏感，根据科学家彭加勒的看法，那是因为科学使我们不断地同比我们崇高伟大的东西交往，它不间断地把愈益高尚的境界过渡展示给我们。按照德国文化教育学派代表人物史普兰格的解释，敬畏感是一种高尚的感觉，它使人产生尊崇和仰慕的情感，不

---

① ［苏联］库兹涅佐夫：《认识的价值》，张慕天等译，134 页，北京，中国人民大学出版社，1987。

能不承认对方的伟大与尊严所放射出来的光辉。只有发现了生活中的垂直层面之后——往上可以直达最高之境，往下则可以直入最深之处——人才能突破生活内容的等级而有所觉悟，这便是产生形而上感觉和敬畏感的先决条件。正是敬畏之心使我们能够超越自我，提升自我。[1] 由科学理智活动产生的敬畏感能够迁移到一切崇高的人和事物上，因为它的本质是对秩序的尊崇。所以，美国科学史家乔治·萨顿明确提出要对学生进行科学史的教育，使钦佩和敬畏之情从小就在青少年的头脑里有所体验。他认为，一个人的道德价值在很大程度上取决于他对别人的钦佩和崇敬的容量。[2]

再次，科学工作的特殊活动形式造就人客观、公正、无私的情感。科学活动要求人不是占有自己的劳动成果，而是无私地公之于众，为别人继续研究或转化为技术成果提供方便。维系科学组织的，不是神秘的信仰和某种意识形态，也不是封建血缘关系和亲疏关系，而是对真理的执着追求。权威的产生并不源自权势和金钱，而是科研成就和同行认可。生活艰苦时，科学家由于专心于追求真理而保持心灵的宁静，抛弃了生活中所有无聊和无价值的事情。乔治·萨顿认为，在这种情况下，他的宁静可能带有悲哀的色彩，而不是像它所应有的那样纯然是快乐的源泉。[3] 他认为，我们完全能够假定纯正的创造活动总是无私的，即使在最初阶段不如此，也至少在它已完全激发起来的后一阶段是无私的，由于连续进行研究并且越来越全神贯注于他的方案

---

① [德]史普兰格：《人的条件》，查岱山、余文堂译，61页，台北，联经出版事业公司，1983。

② [美]乔治·萨顿：《科学史和新人文主义》，陈恒六等译，97页，北京，华夏出版社，1989。

③ [美]乔治·萨顿：《科学史和新人文主义》，陈恒六等译，95页，北京，华夏出版社，1989。

和设计，他可能会忘记自己的利益所在，甚至会失去根深蒂固的自我保护的本能，最后他可能达到一种精神上极度兴奋和完全忘我的状态。①

最后，科学知识本身所包含的奇妙无比的实验过程，工整和谐的理论结构，形简意丰的计算公式，像艺术作品的构思、布局、手法一样极大地满足了主体的精神需要，给人的感官莫大的愉悦，使人的精神无比充实，即所谓"外师造化、中得心源"。此外，科学活动是一种创造性活动，工作之后重新审视自己的创造成果，人们无疑会像欣赏艺术作品一样充满了美的愉悦。

总之，正如科学家彭加勒所指出的，科学像所有各类活动一样，不仅能够唤起新的感情，而且能在旧有的、自发地从我们心中产生的感情上建造新的大厦。②

科学理智活动之所以具有积极的情感教育价值，除了科学知识本身的原因以外，主要原因还是科学职业活动的特点。科学活动对情操的影响具有某种特殊机制。遗憾的是，科学理智活动并没有在近代以来的教育中作为情感教育的重要形式。直至 19 世纪与 20 世纪之交，西方教育仍然存在着两种文化的断裂：一方面，认为只有传统的文科教育才能达到培养人的精神的目的，将教育集中于对文法、修辞和逻辑的学习，对数学和科学的学习主要是通过逻辑—理智思维的训练；另一方面，认为科学知识本身永远具有积极的文化含义，科学可以直接作用于道德，结果走向了唯科学主义。

---

① ［美］乔治·萨顿：《科学史和新人文主义》，陈恒六等译，37 页，北京，华夏出版社，1989。

② ［法］彭加勒：《最后的思考》，144 页，长春，吉林大学出版社，2004。

第四章　情感教育的现代整合
形态及其特征

　　情感教育的现代整合形态及其特征情感教育的现代形态是科学人文性质的整合形态，它是人类教育史上情感教育的几种历史形态合乎逻辑的发展。马克思主义创始人在 100 多年前就预见了这一趋势，并规划了科学与人文整合的蓝图。此后，包括自然科学在内的整个科学的发展及社会实践日益增强的整体性，使当代哲学的发展不仅被证实与马克思主义的预见有着相同的思想轨迹，而且呈现出符合现代科学发展趋势和现代人生活格局的表现形式。当代情感教育置身于现代科学发展与哲学整合性思维的背景下，呈现出与传统情感教育不同的特征。

第一节　马克思主义用具体历史性思维规划出现代情感
教育的科学人文形态蓝图

　　马克思、恩格斯思想探索、世界观形成的道路，他们毕生的所爱、所厌、所敬、所鄙，以及散见于各篇著作中的论述，特别是《1844 年经济学—哲学手稿》中的某些集中论述，都使我们感到，关于情感教育，马克思主义有一个隐性的思想体系。只有研究马克思主义的这一宝库，解剖他们超越前人的思维方式，才能以此为基础，运用现代思维方式把握当代情感教育。

马克思这样谈过他的方法论原则：事实上，通过分析来寻找宗教幻象的世俗核心，比反过来从当时的现实生活关系中引出它的天国形式要容易得多。后面这种方法是唯一的唯物主义的方法，因而也是唯一科学的方法。[①] 的确，马克思是从社会实践这一活生生的现实出发引申出对象本身的必然联系的。这种以社会实践为基点的哲学思维与此前一切哲学家、思想家的哲学思维相比，有着具体历史性。

首先，马克思本人十分推崇歌德、康德、席勒等人浪漫主义思想中对情感及其价值的肯定，高度称赞斯宾诺莎等具有高度理智与激情的人物。他完全同意康德、席勒倡导的审美由认识论范畴向生存论范畴的扩展与转化，承认审美首先是一种体验，是一种人格状态，直接关系到人格的完整和谐与人类的生存幸福。在《1844 年经济学—哲学手稿》中，马克思提出了人的三种自我确证方式（一种是实践方式，另外两种是思维方式与感觉方式）：人不仅在思维中，而且以全部感觉在对象世界中肯定自己。[②] 这种在感觉中肯定人自身的方式就是审美。这种把自我确证方式分别归属于三种生存领域的做法，超越了席勒。席勒把审美价值直接等同于整个人生价值，以体验代替认识和实践，用想象的自由代替现实的解放。尔后，马克思在 1857 年所写的《〈政治经济学批判〉导言》中更加明确地提出这个问题：整体，当它在头脑中作为思想整体而出现时，是思维着的头脑的产物，这个头脑用它所专有的方式掌握世界，而这种方式是不同于对世界的艺术精神的、宗教

---

① 马克思：《资本论》第 1 卷，410 页，北京，人民出版社，1975。

② 马克思：《1844 年经济学—哲学手稿》，刘丕坤译，79 页，北京，人民出版社，1979。

精神的、实践精神的掌握的。① 同年，在《1857—1858 年经济学手稿》中，马克思明确地把道德看作人类以"实践—精神"把握世界的特殊方式，是人类完善自身发展的实践活动。马克思认为道德有两重性，既是意识形态生产，又是自由精神生产。在阶级社会形态中，道德具有意识形态生产的特质，是根据阶级社会压迫和剥削的需要，通过蒙蔽和约束人们而起作用的一种特定观念体系。道德、宗教、法律等完全是掩盖资产阶级利益的资产阶级偏见。正是在这个意义上，马克思提出了废除道德的结论。但是，马克思主张确立自由精神生产的道德。他认为，它建立在主体意识的基础上，其中渗透着人的情感、意志因素，这些因素在某些特定情况下能独立于社会经济条件，具有动机的功能，具有一定的超越性。至于科学，马克思同样认为科学只有从感性的意识和感性的需要这两种形式的感性出发才是真正的科学，并认为，人是自然科学的直接对象。② 如此看来，马克思所说的对人的本质的全面占有并不仅仅实现于人的一种生存活动之中，而是人在多种对象性活动中自我实现的总和。人对自己的本质的全面占有不是停留在抽象普遍的概念上，而是从低级向高级发展的多种规定的综合。马克思认为人的情感发展最终趋向于自由的共同本质。其中，道德是全人类精神的自律，也即自由意志；审美是"对属人的现实的占有"，也就是对人作为人的存在的感受和体验；思维则是"自由直觉"。它们标志着人的一切感觉和特性的解放。这说明，情感教育并不仅仅是某一精神领域的操作，而是与人的整个个性的发展联系在一起的。

其次，人的情感追求的本质究竟是感性的还是理性的，也是马克

---

① 《马克思恩格斯选集》第 2 卷，19 页，北京，人民出版社，1995。
② 马克思：《1844 年经济学—哲学手稿》，刘丕坤译，82 页，北京，人民出版社，1979。

思之前的争议之一。马克思强调感性生活的重要性，认为人性的丰富和发展，人的需要的满足和提高，无一不是通过感性的方式来实现的，他指出，全部历史是为了使"人"成为感性意识的对象和使"人作为人"的需要成为（自然的、感性的）需要而做准备的发展史。① 也就是说，人的一切需要都是感性的，即使是看不见、摸不着的精神需要，也必然以感性的方式存在着并以感性的方式得到满足。在对人的感性欲望的讴歌中，我们看到了马克思对欧洲浪漫主义传统合理继承的影子，但是，马克思不同意过分夸大感性直观对于实现人的本质的意义，他在《1844 年经济学—哲学手稿》中强调人还要成为"理论家"。在这一观念的形成上，马克思吸收了康德的知性"先天概念"的合理思想。康德认为，一切感觉，在经过心灵活动的改造之前，都没有理智结构，因此不为任何信念提供基础。我们若对经验有所理解，那是因为经验自身已经含有我们假定从中产生的概念。所以，知性"先天概念"规定着判断的基本"形式"。同时，马克思也吸收了黑格尔的合理思想，即精神以个体的形式发育，但体现的是社会的、历史的普遍观念。在黑格尔看来，特殊个体精神开始总是不完全的，每个个体凡是在实质上形成了比较高级的精神，即成为现实的主体，都必然走过普遍精神所走过的那些发展阶段。普遍精神既构成着个体的实体，同时因为它呈现于个体之外又构成着个体的"无机自然"。在这种意义下个体的形成就在于个体获得这些现存的财产，消化它的"无机自然"而据为己有。黑格尔指明，人的感情（感觉、知觉、表象、想象和崇高的情感）是在与动物不同的基础上以个体发育的方式形成的，之所以能够发展并具有对象性，应归功于精神实践活动及其工具。马克思认为，人以个人的五官感受"生动的直观"，但是呈现于他们面前的质，不单纯是个别的、

———————————

① 《马克思恩格斯全集》第 42 卷，128 页，北京，人民出版社，1979。

实有的和此时此地呈现于他面前的质，而是这些质的普遍性的观念形式，是它们的指称、含义、意图和观念。因此，按照马克思的理解，情感发展是要达到既具有生理和心理形式而又超越时空界限的程度，反映人类的普遍、进步观念。马克思扬弃康德的抽象主体思想和黑格尔的思辨历史观，形成如下一个小圆，即个体直观—实践理性—历史直观，从而用具体的历史思维超越以往感性与理性的二歧式对立。

最后，与其他思想家相比，马克思最重视物质生产、大工业和自然科学，确信自然科学通过工业日益在实践上进入人的生活，改造人的生活，并为人的解放做准备。① 这就在卢梭、席勒的基础上把人由自然到自由的上升扩展到了外部世界。他批评了卢梭的人本主义。卢梭认为没有受到文明侵害的情感状态才是自然、淳朴的，符合道德的。马克思明确批评这种状态是违反自然的，并且将其称为对整个文化和文明的世界的抽象否定，像贫穷的、没有需求的人——他不仅没有超越私有财产的水平，甚至从来没有达到私有财产的水平②。马克思还批评费尔巴哈远离城市，孤陋寡闻，公开表明自己对大工业的积极态度。马克思确信对人的教化、塑造不仅应该诉诸精神，而且应该通过劳动、物质生产和工业科技。劳动越丰富，人的生命活动、生命本身也就越丰富；劳动产品越多，人的需要得以满足的范围、规模、程度也就越大。总之，马克思力求维护的人本主义具有鲜明的科学特征，主张真正的共产主义是通过私有财产的扬弃这个中介而表现出的彻底的人本主义，而私有财产扬弃的基础正是通过工业革命和科学革命，通过教育——以人自身为对象的特殊社会活动来推动的。马克思从社

----

① 《马克思恩格斯全集》第 42 卷，中共中央马克思恩格斯列宁斯大林著作编译局译，128 页，北京，人民出版社，1979。
② 《马克思恩格斯全集》第 42 卷，中共中央马克思恩格斯列宁斯大林著作编译局译，118 页，北京，人民出版社，1979。

会实践活动出发考察人，人被理解为实践活动本身，人与外在自然的关系表现为主体价值取向、知情意的发展水平，因此，自然科学和人文科学获得了普遍而真实的同一性基础。马克思、恩格斯指出，只要有人存在，自然史和人类史就彼此相互制约……我们仅仅知道一门唯一的科学，即历史科学。① 他们预言，自然科学往后将包括关于人的科学，正像关于人的科学包括自然科学一样：这将是一门科学②。为什么会同一？这不单纯取决于学科本身的发展，马克思认为这首先是一个历史实践的问题。

至此，我认为马克思主义创始人确实规划了科学与人文整合的教育蓝图。他们用人类具体的历史实践来解决人的对象化领域的区分，解决感性与理性的对立，解决工业科学与伦理人文的悖论。实际上，那个时代已经显露出了科学与人文、历史与伦理之间的冲突，以及由此带来的情感矛盾、心灵分裂。马克思认为这一冲突是历史的必然，我们必须走历史必然之路。人需要从观念和情感上正视这一冲突，只有从教育（人类文化实践）中提升出来，人才能保持一种张力，用观念和情感形态上的超越不断建构理想社会，改造旧的社会。因此，我们可以认为马克思主义所揭示的情感教育的本质正是人类理性的永恒追求。人类追求思想秩序、思想定向，渴望不断地超越自身，这种哲学的形而上冲动正是人类的本性。情感教育体现了人类这样的本性：理性永远需要感性的显现和感性的载体，但感性必然要通过知性的中介使自身蕴含理性的质。情感教育追求的目标是：情感的感性外观经过知性中介而使人的情感与理智并行发展，互为手段，互为目标，最终使理性达到不仅有高理智，而且有高情感的丰满境地。

---

① 《马克思恩格斯选集》第 1 卷，21 页，北京，人民出版社，1972。
② 《马克思恩格斯全集》第 42 卷，128 页，北京，人民出版社，1979。

第二节　现代科技发展与哲学思维的整合化趋势

科学是人类文明变迁的路标，是每一个时代人类思维模式演进的路标。

15世纪中叶至18世纪下半叶是近代实验科学长足发展的时期，它以经典力学为核心，以理性原则、实验原则、客观性原则为意识内核。科学的唯一目的是对客体进行精确解剖，从部分直接引出整体的性质。整体相互作用制约的那些性质、层次之间的联系和转化，都在研究者的视野之外。特别要指出的是，科学研究所抽象出的主要是人类活动——实践结构中的物质方面，是对象的客体方面；而人类主体获得知识的过程和方式——人的活动、一切附着在人的实践物中的文化特性，却被抽象掉了。19世纪科学的发展破除了自然界绝对不变的观点，但它仍然是经典科学的继续，科学的综合主要限于科学内部的统一，对科学图景的认识、对联系和发展的探索仍未超出机械决定论的框架。19世纪后期至今，我们称之为现代科学发展时期。首先是20世纪30年代的物理学革命阶段，不仅把人类科学视野由低速、宏观领域推进到高速、微观领域，而且对所有学科的理论基础、方法论原则进行了一次时代性洗礼。然后是量子力学的确立和核物理学的长足进展时期。量子力学确立的新的理论秩序和科学思维模式表明，研究方法本身改变了被观测的实体。"我们所观测的不是自然的本身，而是由我们用来探索问题的方法所揭示的自然。"[1]20世纪50年代开始，现代科学进入综合发展时期，其主要标志是以生物工程、微电子技术、新

---

① ［德］W. 海森伯：《物理学和哲学：现代科学中的革命》，范岱年译，24页，北京，商务印书馆，1981。

材料工艺为三大基干的知识工程部门和以信息论、控制论、系统论为核心的方法论学科的兴起。这些新兴学科不以某种特定的事物作为研究对象，也不像"实体性学科"那样以把握某些客观真理为目的，而是针对人类特定的活动领域，为达到某种目的而组织或规划人们的行动。美国学者赫伯特·A.西蒙把这类学科称为"人为事物的科学"。现代科学通过一系列全新理论的建立，越来越清楚地表明：科学是以人为中心展开的，它只能是人的科学和为了人的科学。有效性和价值层面开始进入科学。同时，人的发现、人的本质、人的提升的意义也在科学研究过程中凸显出来。

随着新航路的开通和新大陆的发现，到17世纪，西欧人越来越深入地接触到世界各民族的风俗民情，这促使民族学和文化人类学得以诞生。19世纪，社会学、民族学和文化人类学正式形成。文化人类学家通过采用观察法、田野研究法和小范围内的实验调查法等多方面地收集资料，以获得对人的社会文化背景的全面了解；社会学家通过问卷式调查和大规模的抽样调查来获得具体社会问题的实证材料，做出理论上的分析和总结。这一类学科发展的直接成果是哲学的文化视野的产生，以及同样应作为科学研究方法的人文科学方法的诞生。19世纪中叶以后，以文德尔班、李凯尔特、韦伯等为代表的新康德主义西南学派，力图以文化价值的探究重振形而上学，反对只走知识逻辑的道路，认为文化哲学是以价值为中心的对真善美的应然价值的追求，是生命、自然、社会、历史的发展所不可缺少的学问。20世纪以来，各种文化哲学学说蜂出并作：有柏格森的生命冲动的文化哲学，有胡塞尔的本质的文化哲学，有舍勒尔的情感的文化哲学，有海德格尔和雅斯贝尔斯的存在主义的文化哲学，有斯宾格勒和汤因比的历史的文化哲学，有杜威的社会的文化哲学，有弗洛伊德、荣格的精神分析的文化哲学，有弗洛姆的生理心理主义的文化哲学……有史普兰格的心灵型的文化哲学，有怀特海的机体文化哲学，还有卡西尔的人类符号的文化哲学，等等。①

文化学与文化哲学的意义与价值是多方面的，与我们最有关涉的是：

第一，它深化了对于人的主体性和人的本质的认识。被近代自然科学发展冲击的传统哲学认识论着重于客体研究和人的纯认知过程的研究，文化哲学则转向主体研究和人的心灵世界的研究，它扩展和深化了对人的本质的认识。人的本质被描述为"永无止境的活动与自由"（柏格森），"精神的不断自我更新的劳作"（卡西尔），"人的文化创造性构成了人存在的本体论依据"（舍勒尔），"人既为文化、社会、历史和传统所制约，也可以超越以上制约，提升为令人惊奇的文化样式"（兰德曼）。这些都从主体的方面把对人的认识提高到了新的水平。

第二，它在人文文化和科学文化的价值层面上取得了重要的理论突破。19 世纪以前是近代自然科学的客观性原则生长、扩张的时期，直到 19 世纪，作为时代精神之体现的实证主义仍主张研究社会现象时应排斥个人偏见，把个人情欲、政治利益、民族偏见、阶级感情全部摒除，以得到客观的知识。自李凯尔特和文德尔班提出关于"价值"的学说以来，人们认识到科学研究不可避免地要受到外观的或内隐的价值评价的作用，人文科学作为价值和意义的体系更是如此。这有助于我们理解人文文化的特殊性，也有助于我们在更深的层次上认识科学文化与人文文化的内在统一性。

第三，与上述相关，它强调评价性认识在认识中的作用，反对把认识的研究停留在自然科学的水平上，主张通过人们的内心世界、活动动机和文化符号来理解社会现象、事件和问题，把认识的"生理—心

---

① 　许苏民：《文化哲学》，10～11 页，上海，上海人民出版社，1990。

理"结构的研究转化为"文化—心理"结构的研究。它注意到了非理性因素在认识过程中的作用，认定诸如同感、同情、爱憎、感兴趣等情感现象都具有认识功能。最典型的例如：舍勒尔认为，即使是在哲学观照的最高点，情感的东西也以其超凡脱俗的形式而处于优势地位，真正的哲学认识过程并不是在知性的意识进程中发生的，人格最内在的核心(情感)以爱的方式参与事物的本质才是精神获得原始知识的哲学态度。①

第四，它为现代社会生活中情感与理智的矛盾、个体与类的矛盾的解决做出了新的探索，为人类的精神出路问题提出了各种理想主义的或现实主义的解决方案。在情感与理智的矛盾方面，弗洛伊德用自我来统一本我与超我，以自我代表情感与理性的和谐。例如，舍勒尔提出，把客观的价值与主观的情感和理想的人格融为一体，把"爱"作为三者有机整合的根本原则。人类只有通过"在神之中的爱"才能获得救助的知识或救世的知识，找到自己的精神出路。

现代科学发展的一体化趋势为人类的整合性思维提供了强大的科学文化背景，它使当代对人、对人的情感，对教育、对情感教育的考察进入了整合性思维的时代。

整合性思维是以综合为主导特征的，遵循系统—整体性原则和结构—动态性原则，是形式化与非形式化相结合、逻辑与非逻辑相结合、科学与经验相结合、定性与定量相结合的思维方式。它包含了马克思主义具体历史性思维的全部优点，是具体历史性思维合乎逻辑的发展。因此，以整合性思维研究人的问题和教育问题，在总体上和宏观历史发展上完全符合马克思列宁主义当年的预示和规划。同时，它又具有

---

① ［德］施太格缪勒：《当代哲学主流》上卷，王炳文等译，131 页，北京，商务印书馆，1986。

历史思维所不具备的新鲜活力。最根本的是，它没有停留在用概念思维对自然—人—社会的内在关系做总体把握，而是尽可能探索各种关系的内在结构和层次，以及结构之间的转换和层次之间的过渡。比如，人的科学、情感的科学和情感教育的科学都在生物、心理、社会文化三个层次上继续分化，情感及情感教育的研究必须考虑各层次以及各层次上诸因素的相互转换与过渡。像人类情感这样多维量、多结构、多加工方式和水平的复杂变体，既要探究和解决个体微观综合的机制，又要探究和解决整体宏观综合的机制，由无穷变量构成的具有不确定性的人类情感图景是不可能用单一因果律和线性关系来加以刻画的。因此，只有在今天，我们才可能真正体味到教育(包括情感教育)不仅是科学，而且是艺术；不仅是技术操作，而且是哲学审视。

第三节　当代情感教育的主要特征

用现代综合思维方式看待、追求与操作情感教育，我们发现，当代情感教育与传统情感教育和近现代逻辑理智教育的区别在于，它是科学与人性(价值)重新组合起来的新形态。这一鲜明的、具有时代精神的基本特征可以从三个方面加以把握。

一、当代情感教育是现实性与超越性的统一

古代情感教育强调真善美的素朴统一。古希腊不仅有完全和谐的相互平衡的直觉和抽象，而且科学也不与哲学、文学和艺术相疏远。所有这些文化活动都接近于人类的精神和情感。[①] 在中国，孔子曰："知之者不如好之者，好之者不如乐之者。""兴于诗，立于礼，成于乐。"这同样体现了情感教育所具有的、符合人的本性的知情意的内在

---

① 〔日〕汤川秀树：《科学思维中的直觉和抽象》，周林东译，载《哲学译丛》，1982(2)。

统一性，当时的情感教育体现了当时存在着的历史要求，因此具有较低层次的现实性。

虽然近代以卢梭为代表的情感教育为人类教育提供了丰富的资源，但他的逻辑基点是强调人与自然的统一，人必须服从自然状态，人的自然状态本身是道德的、美好的。因此，他排斥工业和科学，将情感教育置于科学与道德对立的思想框架中。随着科学不可阻挡地高歌猛进，其软弱性和空泛性愈加明显，这说明生长于古典人文时代或理性启蒙时代的人文主义已经不能容纳现代情感教育的内涵了。

当代情感教育建立在承认现代科学发展的历史必然性与合理性的基础上，所以，它绝不回避科学理智教育，认为科学的本质是人的活动，而近代科学和教育割裂了科学的自然性本质和文化性本质，才使得科学在现代社会中更多地服从于工具理性，而不是服从于价值理性。因此，情感教育不是着眼于否定人的理性层面，强调非理性层面，甚至像非理性主义那样过分夸张不受理智控制的情欲的价值，而是强调挖掘科学的价值层面，高扬科学的文化性，主张通过科学创造活动重新发现人的意义和价值，认识提高自身素质的重要性。罗马俱乐部主席 A. 佩切伊提出，只有提高人的素质才能解决科学带来的问题。他引导人们把注意力转向人和文化，在人的提升上寻找出路，对人类的前途抱乐观主义态度。当代情感教育以各历史形态为基础，强调它们的融合互补，在科学教育中强调人的认识兴趣，强调创造的快乐，强调审美的自我享用价值，强调道德感的科学理性基础。因此，当代情感教育扎根于现代人真实的生活背景中，是为现代人的完美生存、防止现代人的生存异化服务的，它具有时代的真实性，也就是说具有现实性。

科学和伦理的矛盾在相当长的历史时期内是人类社会必然存在的文化现象，教育难以解决而又要解决这一矛盾，这就形成了教育理论中的一个二律背反的难题。教育要把一个不谙世事的儿童培养成一个成熟的社会创造者，要经历20多年的时间，本质上它是属于未来、面向未来的。科学与伦理之间的矛盾会不断克服，不断产生，直到最终统一。因此，我们不能站在自然人的高度，而是必须站在自由主体的高度为未来准备高素质的人才，即高理智与高情感相互平衡、协调发展的人才。从这个意义上说，当代情感教育是超越性的，其超越功能表现在寄希望于培养出一批（当然不可能是全部）全面发展的人，通过改造世界与改造自己的统一而实现由现实世界向理想世界的转化。

二、当代情感教育是适应性与主体性的统一

当代情感教育与传统情感教育的一个重要区别在于：传统情感教育把人的本质仅仅看成是理想化先验主体和美好向往的根据，它不同于动物性冲动。这是从亚里士多德的"人是理智的动物"这一命题开始的。建立在这种观点上的教育过程便是预设目标—导入目标—期待目标的实现，其结果往往是苍白而不科学的。我们在实际操作中常常感到找不到教育目标、教育内容与个体接纳之间的对接点或接合部，原因即在于此。当代情感教育建立在这样一个逻辑基点上：既然在我们民族和民族以外的历史和现实中有那么一些杰出人物具有优秀的情感品质，并且这标志着他们所达到的人性境界，那么其他人也应该和可能达到这种境界，如果他们尚未达到，除了社会及本人身心方面的一些因素外，教育还没有找到接合点也是一个因素。应该性不是思辨的构想，而是由事实性创造的，它是事实性认识的一个内在方面。教育必须从个体生存状态出发，从个体深层精神结构出发，以确认人的发展的可能性和主体的能动性。

这种可能性、事实性是什么呢？马斯洛人本主义逻辑框架中的一个深层概念很有启发性——人性的类似本能。他指出，传统观点（如达尔文、弗洛伊德的观点）把我们的动物性看成与狼、老虎、秃鹫或蛇的

本性一样①，而任何只在人身上有的而在动物身上没有的冲动却被认为是非本能的②，这样，人所特有的各种超出动物性的特质似乎成了某种捉摸不定的、没有实证基础的东西。马斯洛认为，其实人性本身就是具有生物学意义的，人所特有的天性也类似生物本能。例如，爱、尊重和安全等特性都不是某种可有可无的主观意念，而是人的生存中某种高层次的类似对"维生素 D"的需要，一旦失去了这些本能的需要，人就会生病，这不是生理机体的不健康，而是"灵魂病"，即"人性的萎缩"。马斯洛认为，它们是一种只要人活着就无法摆脱的人性，并且完全可以从实证科学的意义上加以证实。

由于承认这一可能性和事实性，当代情感教育主张不是从外部强加，而是从内部找根据。它首先强调适应性，把适应人的需要，把控制、调节、引导、提升人的需要作为情感的事实性状态与应该性状态之间相互转换的真实通道。

情绪心理学认为，有机体与其生存环境直接联系着的需要，特别在人类长期社会生活中形成的社会性需要，在人的情绪发生、发展中起着重要的作用。需要既是情绪发生的生物性内在原始根源，又是制约人的情绪社会化的重要内在因素；情绪的生物和社会适应功能，情绪的分化，情绪与客观现实、认识、动机和人格的关系等，都是以它与需要的关系为基础的。客观现实与主体之间存在着的不同关系，对主体的生存发展具有不同的意义，在长期的生物发展中便形成了产生不同反应的广泛的神经生理机制；在人类社会发展中进而形成了各种社会情境与他的需要之间的关系。在这些关系的基础上，人对客观情

---

① ［美］A. H. 马斯洛：《动机与人格》，许金声、程朝翔译，95 页，北京，华夏出版社，1987。

② ［美］A. H. 马斯洛：《动机与人格》，许金声、程朝翔译，104 页，北京，华夏出版社，1987。

境进行认知评价、意义分析，产生各种情绪，产生趋向或避开某种情境的动机，以至形成一定的人格特质。因此，尽管人的认知、意识都能影响情绪，但归根结底，需要能最直接地制约人的情绪的因素。当代情感教育认为，教育要适应人向善求美的需要，让人的情感在伦理亲情、认识兴趣、创造冲动、审美体验、理想憧憬等方面获得满足。不仅如此，还要有目的地制造一些满足需要的方式，帮助人淘汰一些满足方式而选择或认同另一些满足方式，通过对需要的调节和引导，人持续地从追求"完满"和"超越"中获得满足，最终形成一种情感上的"定式倾向"。这时，由于个体的需要得到了满足，自己的选择得到了实施，人感到不是必然总体在主宰、控制或排斥偶然个体，相反，是偶然个体主动寻找、建立、确定必然总体，人便产生了自我超越的快乐感、高尚感和幸福感。情感教育突出了由实践自我生成的无限可能性与能动选择性，体现了主体的自由本质，表明其不仅是适应性的，更是主体性的。准确意义上的教育主体性必须从人的主体性中得到证明。情感教育在当代的这一主体性特征开创了一个深蕴的主体的教育学方向。

三、当代情感教育是人文科学性与自然科学性的统一

(一)当代情感教育的人文科学性

就西方来说，19世纪末以前，情感教育一直属于人文科学，它甚至可与人文学科相等同。人文学科源于古罗马西塞罗一种理想化的教育思想 humanitas(拉丁文)，有"人性"或"人情"的意思，又与paideia——"开化""教化"通用，所修科目大致包括哲学、语言、修辞、历史、数学等。就当时的情感教育的古典人文性质看，它具有东西方可比性，例如，与古罗马"七艺"相对应的有孔子的"六艺"。在西方，尽管人文学科的性质不断演变——文艺复兴时期将人文学科作为关于人自身事务研究的世俗学科，以突出与古罗马人文理性相迥异的自然人欲，启

蒙运动的百科全书派将人文学科鲜明地政治化，启发引导民众成为"自由、平等、博爱"旗帜下的战士——情感教育的人文科学性基本上始终局限于古典人文主义的"教化"之意。从中世纪的教会学校，从卢梭、斐斯泰洛齐的情感教育，到德国文化教育学派中的陶冶学派，到20世纪上半叶美国永恒主义教育流派，都是如此。所涉课程主要是传统文科教育方面的，如文学、哲学、美术、宗教和历史等。在中国传统文化中，情感教育始终赋有"教化"的色彩，具有"人文化成"的含义，教人在夫妇、父子、长幼、君臣之间恪守道德规范，使人产生不同于动物的社会情感。这一"人文"色彩，就叫"情深文明"（戴圣《小戴礼》）。情感教育的思维方法是"能近取譬""近取诸身，远取诸物"，操作方法是推己及人、由己到人、"己欲立而立人，己欲达而达人""己所不欲，勿施于人"。因此，它是以理服人、以情动人，合情合理、理从情出的。

当代情感教育人文科学性质的内涵大大扩展，社会学、民族学、文化人类学、哲学人类学等一批新涌现的人文学科，为情感教育增添了新的指导思想与操作资料，更重要的在于它们为当代情感教育注入了现代人文学科的独特方法、态度和精神。它们着重强调以下这些方法：

第一，以作为主体的人为对象。就具体对象而言，并不存在"人文"这种实体。主体的人不可能局限于特定的活动领域中，人文学科遍涉万境也不可能有实体性对象或固定领域。在特定条件下，任何一门学科都可因偏重于主体情感（或审美）功能而人文化。

第二，评价而非纯描述。与科学陈述"是什么"不同，人文学科有"应当是什么"的价值指向，其终极旨归是作为人类学本体意义的人。因此，人文学科提供超越实用主义之上而又与宗教虚幻的彼岸迥然有别的目的观和价值观，给人安身立命之根。

第三，践履性。人文学习不是静观意义的认识，而是内在体验与直接认同，在一定程度上意味着身心的整体介入。

第四，不可重复性。人文学科强调独特、出人意料、复杂性以及独创性①，对教育过程的研究和评估主要采用"观察—理解"模式，亦称非量化模式，有自然式探究、教育鉴赏、教育评论、阐明式评价、感应式评价、个案法等。其共同特点是不再采用"指标—量化"模式，而是深入受教育对象中，收集第一手资料，在此基础上做出判断并采取措施，更加贴切和个性化。

总之，自 19 世纪末到 20 世纪初的现代物理学革命为人文学科的现代复兴提供第一个契机以来，人文学科在世界各国日益受到重视，许多国家调整课程设置，增加人文学科的课程分量，加强自然科学的人文化，强调教育评估中对"人性度"的测评，提高教育过程的人性化，等等，都从不同角度映射出当代情感教育的人文科学性。

（二）当代情感教育的自然科学性

早期人类只有自然哲学的概念，至 19 世纪末才正式产生"自然科学"的概念。情感教育在"自然科学"概念诞生前，一直依偎在人文哲学的怀抱里。怎样理解当代情感教育的自然科学性呢？

首先，本质上属于自然科学的生物学、脑科学、神经科学和心理学等学科的知识以及用自然科学方法和手段获得的新资料，大量转化为情感教育的操作思想与操作方法。现在，在脑科学和神经学中，对情绪与不同脑区、与脑中化学递质、与主动情绪反应（对人或对己）的脑部位的关系，对大脑的分工与协作，对人脑及神经系统的发育时间，都有了进一步的探明。根据这一线索，情感教育认为，人经历的每个

---

① 参见台湾中华书局有限公司、美国大英百科全书公司：《简明大英百科全书》，台北，台湾中华书局，1989。

生长阶段对发展一定种类的情感都具有最好的可能性，并且可以有针对性地在儿童早期着重弥补其先天不足。情绪心理学的研究资料更多地运用于情感教育，詹姆士—兰格理论自19世纪以来主导着一系列情绪的生理唤醒和神经激活方面的研究，发展到当代的沙赫特等人，则越发重视情绪发生时所伴随的生理特征，并对它们加以合理的引导。当代情绪心理学从进化适应性的角度解释情绪的发生和发展，重视早期形成的情绪与认知相互作用的固定倾向，揭示评价因素、认知加工机制对情绪的重要影响，强调表情的社会适应性质与社会交际功能，认定情绪体验的意义和特色不是从认知加工系统中获得的，而是在同环境相适应的过程中，从有机体需要满足的感受状态发展而来的。伊扎德、霍夫曼的理论对感情—认知的相互作用有许多具体说明，比如，能够促进具有感情充予性质的归类和图式形成的刺激条件，可以直接运用于情感教育操作。此外，现代情绪心理学目前采用的主要方法仍然是生理测量法、表情测量法、主观体验测量法和调查统计法，它们在情感教育的实验中也都是主要的测评法。目前，我们对情绪本身的信息加工图式还不清楚，特别是距离建立操作模型还有相当的路程，可以预见，神经科学、心理学和计算机科学的共同研究成果，将为情感教育提供更坚实的实证基础。

其次，以自然科学为依托的系统科学在观念和方法上，对当代情感教育有着深刻影响。经典科学本质上的还原论方法，只适用于能分解为孤立部分和因果链的宏观力学现象，无力解答当代生物科学、行为科学和社会科学中涌现出来的诸如组织性、整体性、方向性和目的性之类的事实和概念。一般系统论在机体论生物学的基础上产生出来了。

系统的观点把系统当作由从属部分结合成的集成整体，不把系统当作孤立因果关系中的各部分的机械聚集体。① 在它的影响下，当代情感教育采取整体观照的方法培养人的情感，使情感的研究在生理、心理、社会文化三个层次继续分化，在获得更加精细知识的同时，综合构成一个整体画面。如果说用古典人文方法研究情感教育是用信念和洞察代替了探索，用科学方法（如早期的实验心理学方法）研究情感教育是用条分缕析代替了融会贯通，那么，当代情感教育则转向了严谨精细与全面整体的结合。比如情绪发展的个体心理基质，从横向看，它由认知水平和情绪感受水平两个层面构成，情感教育不仅着眼于认知水平的提高，而且着眼于情绪感受水平的提高；从纵向看，它不仅有语词水平，而且有前语词水平，不仅包含自觉意识，而且包含人的强大的下意识领域。在下意识里，感性和知觉赋予周围人的行动以道德肯定或者道德否定的符号，而这些符号与形成未来心境胚芽的情绪色调直接融合在一起。② 当代情感教育十分重视无意识领域，强调情绪记忆在意识领域的沉积对人的情感质量的影响（如美好的人生经验与创伤性经验），有目的地设计主要作用于无意识心理层面的教育方式，甚至在一定程度上可用弱化意识的办法来保证无意识对人的统一作用。③

最后，自然科学的彻底理性精神鼓舞情感教育从扑朔迷离的生命感受中寻求恒定的秩序。科学是将经验的可重复性作为鉴别真伪的标准的（而不是其他标准）。可重复性有双重意义：一重意义是某一现象

---

① ［美］E. 拉兹洛：《用系统论的观点看世界》，闵家胤译，13 页，北京，中国社会科学出版社，1985。

② ［苏联］A. И. 吉塔连柯：《情感在道德中的作用和感觉论原则在伦理学中的作用》，载《世界哲学》，1986(2)。

③ ［日］石川光男：《从文化方面看意识与物质的相互作用》，刘绩生译，载《世界哲学》，1991(1)。

或人类经验可以不止一次地重复出现；另一重意义是社会化，即属于某一观察者的个人经验可以积累，可以转化为技术。

人的情感具有不可重复性。但是，情感教育操作则可以有一定的重复性，因为神经科学经过几十年的发展后确认，神经系统在整体上是一个自我封闭的系统。人的神经系统大约有 1 亿个接收外部刺激的外感受器，同时又有 10 亿个接收内部信息的内感受器。神经系统的输入基本上来自自己的输出。人的外部感受器接收的外部信息大多是人对客体操作的结果。神经系统通过功能耦合网络创造某种同构符号，把千千万万看似相同的电脉冲组成因人而异的情绪感知。由此可见，每个人都有和他人同类的身体结构和大脑结构，人与人可以互相沟通，一定时期、一定文化背景下的个体有建立相近的情感模式的可能性。情感教育坚持教育经验的积累，坚持实验设计和有目的的观察实验，以寻找其间可重复、可描述、可验证的规律，然后将它们逐步地转化为技术。心理疏导、催眠术、意象疗法、暗示教学、隐性课程、移情训练、感受性训练、情感交往技巧的训练等，都在不同程度上体现了这种经验的技术转化。

卡西尔曾深刻地指出，科学在思想上给予我们以秩序；道德在行动中给予我们以秩序；艺术则在对可见、可触、可听的外观之把握中给予我们以秩序。[①] 当代情感教育并没有放弃对这种秩序的追求，人类经验的可重复性与社会化鼓舞我们坚持科学理性精神，相信只有理性与非理性的融合才能帮助我们开辟现代情感教育之路。

---

① ［德］恩斯特·卡西尔：《人论》，甘阳译，213 页，上海，上海译文出版社，1985。

第五章　情感教育的目标建构

长期以来，我们的教育没有剥离出相对独立的情感教育的理念与操作，也就没有建立起情感教育的目标体系。由于自觉意识并实践情感教育的时间很短，缺乏翔实的实证根据，因而，建立一个什么样的目标框架，在我们的头脑里还十分朦胧。有哲学家说，理解一个模糊不清的概念的最好方法就是尝试对它的多种形式进行组织，去发现它的内部结构。因此，我认为，首先提出几种目标建构的思路，作为可供选择的方案，也许是研究初期较为明智，当然也是不得已而为之的办法。

第一节　结构—建构法

结构—建构法把情感教育的目标分析为一个由内容、形式和功能组成的三维结构，分别从不同的维度对情感的发展做出要求，旨在克服传统建构目标只从内容这一维度考虑的简单化、笼统化的倾向。

一、内容维度

当代情感教育在内容上仍然强调道德感、理智感和审美感，承认这一历史分类的合理性，但认为必须在新的历史条件下对它们做出新的更为丰满的解释。

(一)道德感

直到 20 世纪 80 年代初，我国通行的对道德感的解释仍为"从社会形成的道德范畴出发，用道德原则的观点感知各种现实的现象时，人所体验到的一切情感都属于道德感"①。根据当代科学的进展状况和现代人的生活格局，对道德及道德感的理解应做以下扩展。

第一，道德并不是区别于社会生活中其他现象的特殊现象，不能限定道德的空间范围，道德会渗透在社会生活的一切领域，如阶级关系、国际关系、生态关系、人际关系以及其他私生活关系，进入经济生活、精神生活中，同时也发生在与周围事物的接触中和个人对自身的态度上。

第二，道德是行为的、关系的、价值的、心理的、思维的和语言的等多层次的构成物。历史上常常把道德归结为某一种现象，如情感主义伦理学把道德归结为人的情感，存在主义把道德归结为价值，新实证主义把道德归结为道德语言，也有把道德归结为风俗或规范的。实际上，道德有着极其复杂的结构，不能简化为一种现象。从这个意义上讲，并没有独立自主的道德活动，道德活动是包含在人类各种活动体系之中的。

第三，道德感侧重指道德意识在个体心理感受层面的反应，或者说人的作为意识形态的情感具有道德的内涵，它们是道德活动引起的心理上的感受状态。道德活动与其他活动，如生产实践、科学实验，具有不同的外在客观尺度，它是人将自己与外部关系的合理性要求反求诸己，在内心建立的一个评价尺度。因此，道德感不是人被动地接受社会道德规范的约束，而是作为"自为的存在"，本体内蕴着向善的

① ［苏联］彼得罗夫斯基：《普通心理学》，朱智贤译，415 页，北京，人民教育出版社，1981。

欲求。这种欲求的满足强弱使主体产生不同的情感体验。主体自认为达到了善的要求，会产生自豪、愉悦感；反之，则会产生内疚和自责，从而激励自己不断追求。

第四，由于人实际面临的道德关系是在社会实践格局、个体境遇格局的不断变化中形成的，所以，从根本上说，不是人有了外部道德律令才有道德需要，而是道德生活方式使道德需要产生，使人从内心升腾起超越现存伦理关系、亲手建构理想的道德世界的欲望。因此，道德情感表现出人的全部内心世界，调动起人的全部心理财富。

(二)理智感

理智感是人在探求未知、追求真理、运用智慧的过程中，产生出来的冲动、愉悦和幸福的感受。它与道德感不同，主要是以外在的客观尺度评价人对外部世界实践、认识和改造时产生的满意或不满意的感受。

当代知识发展、科学发展具有统一趋势，理智感不能仅局限于人在运用逻辑思维时产生的情绪感受，也不能仅局限于人在对自然科学的认识中获得的情绪感受。不论是逻辑的还是非逻辑的，也不论是自然科学认识还是社会科学认识，只要主观性与客观规律相符，或者对符合程度进行积极评价，就可以产生我们说的理智感。

更重要的是，理智感的本质在于人在改造外部世界的创造性活动(人的智力活动)中发现人自身的目的、意义和价值。科学理智活动始终以人的存在为前提。因此，理智活动获得的积极情感体验必然是与追寻到真理、洞察了秩序、欣赏到科学规律的美、发现了自己的力量联系在一起的。

(三)美感

美感是人的一种思想意识和高级情感，是通过对客观现实中的美的反映而得到的一种体验和享受。美感的发生过程是审美主体对审美对象产生的感知、理解、联想等不同但又相互联系的心理活动的有机结合。所以，人只有通过感官和思维能动地反映了客观的美，认识了客观的美，发生了情绪上的激动，在理智上获得启示，在精神上获得愉悦，才能形成美感。

从情感教育而不是狭义审美教育的角度出发，不仅要从大自然、艺术品中获得美感，而且要从生活中获得美感。一方面，要学会欣赏生活，挖掘出生活中的新图景、新意义，发现人的勤劳、善良本性，能与人分享这种美，并具有活泼、愉快、合群、乐观的品质和幽默、诙谐、善解人意的能力；另一方面，要能识别生活中的虚假和丑恶，在精神上对其保持警惕和距离。随着年龄和知识的增长、社会关系的扩大，这种对真善美的爱与对假恶丑的恨要升华为改造社会、超越现实的人格理想，主要需要崇高感与悲剧感。

崇高感是指人在瞻仰伟大人物、伟大事物时内心里升起的崇敬、向往和模仿的感情，或者是在克服障碍、超越自身、显示出精神上的优势时产生的自我肯定的感情。

悲剧感是从审美范畴中的一个否定性范畴移植来的，描述的是人在欣赏悲剧艺术时或在社会生活中产生的一种悲剧性情感体验。悲剧体验据以发生的心理模式和倾向，之所以在社会生活中泛化，是因为人类生活的对象化领域所产生的情感矛盾具有普遍性和永恒性。从根本上说，没有以痛苦为主要情绪色调的悲剧体验，人不可能成长为现实的人，即具有生产性、创造性和超越性的人。试想，如果没有人愿意为崇高理想和价值付诸行动甚至献出生命，社会的局限性如何突破，新的秩序如何诞生？因此，必须把通过悲剧体验而形成的悲剧意识作为情感教育内容维度上的高级目标。

二、形式维度

形式维度是指上述道德感、理智感、审美感的特定内容在人的情感反应方式和表现方式上的特征。

美国的克拉斯沃尔、布卢姆用由内容和行为(包括心理过程)组成的二维目标明细规格表(又称双向细目表)来表述目标,其特色是突出了情感发展的形式化特征,具体办法是将教育过程中的认知目标与情感目标对应起来,把认知目标作为手段,刻画出对同一认知内容在情感反应形态上的变化。他把这种形态变化分为接受、反应、价值评价、组织、由价值或价值复合体形成的性格化五级水平。这一目标分析建立在大量实证研究的基础上,信度和效度较高,可以为我们所借鉴。但是,这一目标的形式特征是通过对应认知目标而形成的,主要适用于以认知切入的情感教育模式,不能包容形式特征的全部。

根据情绪心理学的有关资料,我们还可以从以下几个角度考虑形式维度。

情感状态—情感特质—性格泛化,即教育所期望的道德感、理智感和美感内容首先表现为经常性的、短暂性的情感状态。而后由于情感与认知交互作用方式的经常化、固定化而在个体身上形成比较稳定、恒常的情感特质。最后,这种惯常性的情感模式融入性格,变为习惯化的行为。

感觉水平—概念水平—反思概念水平,即教育期望的内容起初表现为感觉色调,相对地独立于认知,在意识里持续存在。然后,情感达到语词加工水平,有越来越复杂的概念介入。最后,人对道德感、理智感和美感的理解不再是概念水平,而是反思概念水平,即对概念的理解从绝对性、刚性走向相对性、韧性。

形象加工—具象加工—抽象加工,即教育期望的一些情感反应,开始必须有具体的形象的参照情境才能出现。而后通过语义传情,从概括的语词表象中捕捉到具体的情感含义,从而做出恰当的反应。最后,抽象概念(如语词、数字等)都可以使人产生情感反应。

三、功能维度

用结构—建构法设计情感教育目标，除了考虑内容和形式两个维度外，还有另外一个维度，那就是情感发展的功能维度。情感功能亦即情感能力。

能力，是近代实验心理学研究较多的一个概念。由于近代心理学思维方式的局限性和教育中的唯理智主义倾向，能力主要与知识、技能、逻辑、理智相联系，人的情感素质在能力范畴中没有地位。现在，不同学科的研究资料已经证明：人的情感既是瞬息多变的，又是相对稳定的；既是内隐独特的，又是外显泛化的；既作为内在感受由个人独享，又作为外部表现与他人分享。在处理人与外部环境的关系、人与他人的关系以及人自身的活动时，它表现为一种功能状态，其中，人的感受、判断与行为之间没有明确可辨的界限，似乎是迅速、有机地结合在一起的。我们把这种外化的、有外在功能体现的方式称为情感能力。目前，国外心理学界已有思维能力（H. 加登纳）、高峰体验能力（马斯洛）、感受能力（悉尼·乔拉德）、愿望能力（罗·洛梅）、爱的能力（弗洛姆）等多种提法。

(一)移情能力

移情，是一个人对他人情绪、情感的共鸣反应，是一个人在观察处于某种情绪状态的另一个人时，产生的与被观察者相同的情绪体验。自发的移情在出生两天的婴儿身上已开始出现。移情使人更容易意识到另一个人的需要，可以通过满足这个人的需要来平息自己的情绪。研究证明，早期有高感情移入的儿童最可能发展为高水平的价值内化，而低感情移入的儿童则受到限制。移情能力与道德行为呈正相关（Roe，1980 年）。为别人的不幸感到悲伤的被试，与为自己的不幸感到悲伤或没有产生悲伤情绪的被试相比，更乐于帮助别人（Thompson，

1980 年)。① 一般认为，移情能促进亲社会行为的发生，是人类最重要的"亲社会性动机"。

移情能力就大的分类看，有认知参与很少、在很大程度上是不随意的移情，也有处在不同认知水平上的移情。前一类是通过模仿、联想或设想自己处于他人的处境而产生的。对幼小儿童进行移情训练，便可增强这类情绪能力。后一类则依赖于一个人能否认知推理他人的情感状态，同时，唤起的共鸣反应又会为观察者提供内部信息，从而加强由认识推理得到的情感的含义。其中，包括"自我中心"的移情、对他人感受的移情以及对他人境遇的移情。

移情能力除了亲社会性移情外还应包括审美移情与科学理智移情。这两种移情指的是把自己移入审美对象或认识对象里去，即当我们对周围世界进行审美观照或对知识进行认知学习时，有一种自发地、情不自禁地向外投射的作用。就审美主体而言，不仅从审美对象上感受到美，而且把自己的情感投射并覆盖到审美对象上去，从而使审美对象带上明显拟人的、感情的色彩。就科学认识活动而言，人从认识对象、所描述的事实中看到自己的影子，逻辑思路与阐发的思想感情都是自己的。这两种移情能力把主体人格与审美对象、认识对象完全融为一体，使人领略到无比愉悦的情感体验。情感教育的目标在于扩大人的移情领域，增加人的移情训练，找到人移情的"最近发展区"，使移情能力逐步提高。

(二)情绪辨认能力

第一，情绪辨认是对表情的辨认。人类的面部表情是先天的、程式化的。人类从出生到 1 岁共形成 8 种至 12 种基本情绪，即兴趣、愉

---

① 石秀印：《品德心理学应该重视情绪和情感的研究：对国外有关研究的简单述评》，载《教育研究》，1984(5)。

快、痛苦、厌恶、愤怒、惧怕、悲伤、害羞、轻蔑等，它们在生物—社会性联系中发挥相应的功能。在基本情绪识别的基础上要对复杂的表情进行辨认，则需要借助被观察者的语言参与、声调表情和姿态表情。儿童情绪分类的精确性，与教师对他们的社会调节情况的评定有关。① 第二，情绪辨认是对别人或自己的内心感受、内在情感需求的辨认。据美国发展心理学家 H. 加登纳研究，人辨认、识读自己内心感受的能力——内省感与辨认、识读别人内心感受的能力——人际感，分别有着不同的大脑神经机制。

(三)情感调控能力

每个个体都处于复杂的内、外部情境中，每个人对处于这种情境中的诸因素所做出的情感反应都是选择性的，它们总是需要一定的调节与控制。一个具有较强选择和控制能力的人，对客观情境中具有较高认识价值、道德价值和审美价值的现象感到有趣、做出反应，并产生情感体验；而那些选择与控制力不强的人，往往采取不适当的情感反应，为区区小事动肝火、伤感情，患得患失。

教育通过丰富多彩的文化情境与人际情境，使人的情感表达变得准确、合理、丰富，并使人逐渐学会选择与最重要的价值相一致的方式对情境做出反应。也就是说，学会经过选择，正确地表达情绪和抑制情绪。

现代情感教育还要求发泄紧张情绪与抑制紧张情绪的一致性，认为健康人格既不是即时发泄情绪也不是长期抑制情绪，而是自己在抑制与发泄之间做出合理的选择。在没有危及重要价值时，他们会自由自在地表达自己的情感。如果一些价值因这种情绪的发作而处于危急

---

① 石秀印:《品德心理学应该重视情绪和情感的研究：对国外有关研究的简单述评》，载《教育研究》，1984(5)。

之中，例如人际关系的紧张、集体利益的损害、个人尊严的丧失等，他们也会抑制自己的情绪。现代教育反对不健康的情绪抑制，因为长期压抑会导致身心疾病，大大降低工作和学习效率，使人注意力不集中，与外界沟通发生障碍，成为呆板的、冷漠的、缺乏人性的个体。

(四)体验理解能力

体验理解能力是感受、思维和行动三者的有机结合，具有明显的思维活动特征。体验理解是与逻辑—理智理解相对的一种独特的理解方式。人在兴趣—关心的驱策下组织智力加工活动，对客体投入自己的主观情感，以深入体验、主客融合、人我共感的情感状态把握客体，或者实现认知过程的阶段性完成，产生新的、更为高级复杂的感情性动机，如期待、希望等，或者实现对人和事的智慧处理、圆通把握。体验理解有三个重要特征。第一，主动积极地对客体的各个方面产生兴趣，一旦抓住问题就一头扎进去，用杜威学派的说法，就是"某一问题吸引了他，以这个问题为起点，各种问题的情况会自然而然地展现在他面前。暗示的潮流不断向他流去，新的探明和新的解释不断涌现"。第二，主体对客体全身心地忘我投入，把自己"感"到认识对象里去，这种自发的投射作用使对象明显带有拟人的、感情的色彩。主体与客体融为一体，主客不分，从而使智力加工的客体从整体上被主体所把握。所谓心领神会便表达了这一情感境界。第三，体验理解把思维对象看成是有自己独特存在方式的存在，不采取横加干涉的态度，使得思维客体的"真相"易于显露，从而达到思维的相对客观性。

传统教育中的思维训练，主要是围绕培养思维的逻辑能力、掌握思维的形式特征及技术而展开的，体验理解方式常常为人们所忽略。对这一能力目标加以开发、诱导、训练，大力鼓励和利用，将会促进思维品质的发展。由于体验理解是一种高度情感状态，能不断引起新的高级复杂的感情性动机，所以本身就是情感教育的过程。

(五)自我愿望能力

自我愿望能力不是主体指向现实自我的能力，而是指向未来自我的能力。愿望从心理机能分析，来自人的欲望系统，表征为一种情感状态。长期以来，人们把愿望理解成屈服于幼稚的冲动性和童年时代天真的需要。现在，应当把它放到更为广泛的生命过程中去理解。愿望并不仅仅来自过去的动力，并不仅仅来自原始需要的呼唤，它包含着某种选择性，通过象征（包括记忆和幻想）来塑造我们所憧憬的未来。愿望能力的培养是一个过程，包括愿望、意志、决心三个层面。第一个层面是发生在觉知水平的愿望，主要是身体器官的觉知。第二个层面是将觉知转化为自我意识，出现了从自觉意识到自觉意向——意志的转变。意志的出现不是对愿望的否定，而是把愿望合并和提升到一个更高的意识水平上。例如，在第一个层面上，人可以体验到湛蓝的天空和碧绿的海洋，获得愉悦并产生保持这种体验的欲望；在第二个层面上，则意识到"我"可以通过与朋友共同分享这种体验而增加自己的乐趣，这种意识对于生、死、爱、恨以及人生其他终极问题，就具有了深刻的意味和内涵。第三个层面是决心与责任感的层面。它合并并持存前两个层面，创造出一种行动模式和生存模式。

第二节　时相一建构法

时相一建构法依据时间运行轨迹和人的生命成长轨迹构建目标体系，旨在尊重人情感发展的内在的时相运动规律，科学地区分教育的不同阶段，把握住教育的关键期。

我们可以把情感教育目标设计划分为三大板块，划分的依据是三大年龄段不同的心理发展特征——儿童期、少年期、青年前期，三大板块具有明显的区别性、阶段性和转折性。

一、儿童期的目标设计

儿童期，年龄限于 3～8 岁，学龄多处于幼儿园到小学一、二年级。把不同学龄放在一起设计是因为情感发展具有内在连续性和上下衔接的关系。这一年龄段的儿童思维特征处于皮亚杰分析的前运算阶段，道德发展处于"自我中心"阶段、客观责任阶段，情感发展则处于单方面的尊敬阶段。总体上看，可以称为"我向性"阶段。这一年龄段在情绪—情感上的基本特征是：

其一，需要并力争得到成人的支持、赞许和爱抚等情感评价。成人的情感态度、是非标准是儿童情绪发展的参照系，是儿童快乐和兴趣的源泉。其二，感受性强，模仿性强，易劝导性强。其三，情绪活泼、愉快、明朗，同时少控制、易任性。

根据上述情感特征，我们认为应以快乐、兴趣的享受色调为中心构建情感教育目标。情绪心理学中的分化情绪理论认为，两种最主要的正性情绪状态可用来解释内在动机：一个是兴趣、兴奋，一个是享受、快乐。有学者指出，内在动机产生于主体的兴趣和享受。[①] 对儿童来说，兴趣和快乐主要是感觉色调上的，而非认识理解意义上的，是需要及时享受的而不是可以延迟和反思的。因此，教育的任务在于考虑用什么方法使儿童感到有趣和快乐。教育在道德、理智（认识）、审美上的一切要求都应该在引起儿童快乐、兴趣的前提下加以实现。例如，儿童做了同情、关心、利他的好事后及时鼓励，儿童爱动脑筋、对美有想象力等也给予及时鼓励，这样做将对儿童选择、接受什么样的情感客体起到引导、定向作用。

这一时期最主要的情感教育方式有三种：

第一，教师或成人给予感情充裕。根据情绪心理学的研究，儿童

---

① 孟昭兰：《人类情绪》，330 页，上海，上海人民出版社，1989。

接受社会性内容的含义和指称、选择注意目标、形成情感反应等都必须以感情充裕为前提。

第二，进行象征性游戏或角色游戏。这一时期儿童操控游戏的机能组织最为活跃，而且，这种游戏对人类活动的范围和人们之间的关系有特殊的敏感性，尽管情节的表现千变万化，但其中都包含着基本上同一个内容——人的活动和人们在社会中的关系。

第三，采取多次训练、操练的方式，使一些基本的情感品质与能力形成习惯，如同情、移情、关心弱者、控制任性等。

这一时期还需要完成学前期到学龄期的情感适应。这一适应的实质是完成从自然依恋向群体小社会依恋的过渡。儿童的依恋感早期主要由母婴合理的情感接触而实现，学龄初期主要依赖教师的关注以及班集体的良好氛围来实现。建立起依恋感的儿童才可能有安全感、信任感和探索的勇气。

总之，在儿童期建立以快乐、兴趣为主色调的情感教育目标符合儿童的心理发展规律，能够为儿童一生的健康发展奠定基础。

二、少年期的目标设计

少年期，年龄限于9～14岁，学龄多处于小学中、高年级到初中毕业。这一年龄段的少年儿童思维发展处于具体运算阶段到形式运算萌芽阶段，道德发展按皮亚杰的划分是由客观责任阶段转入主观责任阶段，情感发展则从单方面的尊敬进入相互尊敬。总体上看，可以称为"他向性"阶段。这一年龄段在情绪—情感上的基本特征是：

其一，情感与思维从儿童期的自我中心中解脱出来，把别人作为情感对象，自己的情绪表现也把别人作为参照系。其二，有自我确认的强烈需求，学业中的胜任感、交友中的有力感和师生间的信任感，是少年安宁、自足、愉悦情感的主要来源。其三，重视集体评价、社会评价、他人评价，珍视友谊。同时，由于神经系统的兴奋性提高，身体发育加快，这一年龄段的敏感性较强，心胸狭小，容易激动，遇到困难时甚至容易产生强烈的反抗情绪。

根据上述情感特征，我们认为应以自尊感、荣誉感和顺遂体验为中心构建情感教育目标。苏联心理学界关于年龄心理学的研究认为，少年心理发展中起基本作用的是正在形成的与周围人群的社会关系的体系。[①] 在少年期，朋友的价值、同龄人集体的价值有了特别的增长。只有保证学校集体中感情上的顺遂，才能为少年创造良好的心理基础。否则，少年便成为"难管教"的对象了。因此，情感教育的任务在于创造各种条件，使少年获得自尊和荣誉的体验，并以此作为内部启动机制，在集体中形成工作责任感、集体荣誉感和同志友谊感。教育所要求的道德感、理智感和审美感只有在自我确认和顺遂的情感状态中才能得以升华。

这一时期最主要的情感教育方式有四种：

第一，寻找一切可能表现少年聪明才智的领域，调整人群关系的结构，力求使外部评价与少年的自我评价相一致，用顺遂的情感体验来克服挫折的情感体验。

第二，用以外促内的方式，重视少年集体的建设和舆论风气的形成，帮助少年择友，为少年提供更多的榜样。

第三，开展丰富多彩的、形式活泼的集体活动，通过共同活动使少年从他人身上找到自己情感发展的坐标。

第四，在认知教育中，借助语言文字发展概念思维，同时，仍需要依靠实物、表象等形象化手段，建立起情感的概念认识，从而使情感分化水平迅速提高。

---

① ［苏联］M. B. 加麦佐等：《年龄与教育心理学》，李世钦等译，243 页，哈尔滨，黑龙江少年儿童出版社，1987。

三、青年前期的目标设计

青年前期，年龄限于 15～22 岁，学龄多处于初中、高中阶段至大中专学校毕业。这是人从生理成熟向社会成熟过渡的阶段，是青年通过认知的发展，将知识、情感、意志整合成新的结构，形成一定的独立观念、信念和世界观的时期。总体上看，可以称为"整合性"阶段。这一年龄段在情绪—情感上的基本特征是：

其一，由于完全性的形式操作思维已经形成，青年可以运用假设和推理去解决那些脱离对当前具体事物的观察所提出的有关命题。他们对情感价值、社会公正、审美活动以及人生理想等的概念认识有与以前截然不同的观点。其二，自我意识的独立性增强，学会观察周围和解剖自己，不仅按兴趣而且按能力来考虑职业和生活的选择，开始寻求生活的意义。其三，对人、对生活的情感体验增强，对社会和他人是否接纳自己更加敏感，尊严感和害怕挫折的焦虑同时上升。

根据上述情感特征，我们认为应以理想自我与现实自我的同一感或一体感为中心建构情感教育目标。人格心理学家艾里克森使用自我同一性的概念说明青年时期的生活主题，认为青年人在该阶段如不能获得自我同一性，就会产生"角色混乱"及消极同一性。他将自我同一感描述为"一种知道自己将会怎样生活的感觉"和"在说明被预期的事物时出现的一种内在的自信"。[①] 人本主义心理学家罗杰斯也提出自我协调的概念，认为当意识中的自我与实际上的经验产生分歧时，个体就会经历不协调（incongruence）状态[②]，教育和心理治疗就是通过精神上的积极关注、情感上的融洽和谐使人在理想自我与现实自我之间建立联系，重新获得协调。在考察教育对人的提升时，他们着眼于人格内

---

① 陈仲庚、张雨新：《人格心理学》，210 页，沈阳，辽宁人民出版社，1986。
② 陈仲庚、张雨新：《人格心理学》，279 页，沈阳，辽宁人民出版社，1986。

部个体意识和社会意识之间的矛盾关系，这确有深刻之处。情感教育以同一感或一体感为中心建构目标，沿着童年和少年时期建立起的自我评价结构继续朝具有连续性、组织性、一致性和统整性的方向前进，在原有的自尊感、友谊感、集体荣誉感的基础上衍生出公民感、职业感、人际适应感、社会责任感等更加广阔的情感范围和更加丰富的情感层次。

这一时期的情感教育方式主要是：

第一，调整青年的价值追求与实际追求之间的关系，帮助青年建立准确的自我形象和合理的社会角色期待。

第二，为青年提供挖掘兴趣和表现能力的场所，创造专业选择和职业培训的条件。

第三，让青年通过参观、访问、调查、研讨以及社会角色的直接承担，了解社会、了解国情、了解社会需求，培养对人生责任的热情、对社会实际事务的关注。

综上所述，时相—建构法强调人的情感变化本质上是受教育者生活经验不断积累与重组的结果，是发自人的内心而不是由外界强加的。教育目标的设计着眼于对人的发展的各个时期可能引起的情感矛盾的把握，教育中加以有目的的诱导，可使情感的生长顺利地扬弃冲突（亦即内在的自我否定），而不受破坏性的阻隔。

第三节　关系—建构法

马克思和恩格斯指出，凡是有某种关系存在的地方，这种关系都是为我而存在的；动物不对什么东西发生"关系"，而且根本没有"关系"。① 因此，只要把各种关系梳理清楚，人的主客体分化及主体状态

---

① 《马克思恩格斯选集》第 1 卷，81 页，北京，人民出版社，1995。

的有序化的线索也就清楚了。当今对于世界具有时代意义的看法是：世界是一个处在多种联系中的文化世界，而一切的联系都与个人相关联，也就是说世界个人化，而个人文化化。现代教育对人的发展的规划需要进行一种尝试，即从文化世界内部找出本质联系——个体的人作为世界中心，与各个方面发生关系，一切可能的存在和任何可能的意义都围绕着人这个中心和唯一性的价值建构起来。

情感教育目标的构建原则是找出个人在世界中的基本关系系列。人的生命在这些关系系列中永恒地存在着、生成着、完善着。苏联现代哲学家 M. M. 巴赫金认为，世界的基本结构成分包括"我对于自我""他人对于我"和"我对于他人"，现实生活和文化的全部价值都是围绕着这些基本结构点建构起来的，如科学价值、审美价值、政治价值（包括伦理价值和社会价值）以及宗教价值，所有时空和内容——价值意义和关系都集中在这些情感—意志中心成分（即我、他人和我对于他人）的周围。① 巴赫金的文化哲学或精神哲学，其研究旨趣主要是强调人在世界中的精神联系。这一分析方法的可供借鉴之处在于：周围世界通过与个人的精神关系，借助个人行为而被引入个人的主动性领域中，它不是从外部与人对立，而是在内部与人"共同"存在。

按照辩证唯物主义的世界观，我们把个体与世界的关系分为五大系列，它们是：人与自然、人与操作对象、人与他人、人与社会以及人与自我。情感教育根据五大系列构建自己的目标。

一、人与自然

其基本的理论根据是当代智慧圈理论，即自然界、地球和宇宙相互依存而统一，人类不是旁观者，而是宇宙的一部分，并且能影响其发展的整体特征。因此，在人与自然的关系上呈现出对自然界命运负

---

① ［苏联］M. M. 巴赫金：《论行为哲学》，林山译，载《哲学译丛》，1992(1)。

责与对人类文明命运负责的一致性。具体包括：

爱护自然界中人以外的一切生物，尊重生命，保护自然资源，把人—生物、人—自然作为道德共同体而倾注关心、怜惜与爱的情感。

欣赏自然界中优美、和谐与崇高的事物，培养与自然美好的一体感、协调感与眷念之情，反对对美好自然的人为破坏、掠夺与征服。

有对自然界及其生物的感谢之心。

二、人与操作对象

在当代社会，随着实践领域的扩大、操作手段的增加和劳动效率的提高，需要防止仅重视结果、追求功利，而忽略过程、轻视人的活动的倾向。在人与操作对象的关系上，应当体现以下一些情感特征：

对操作对象的客观特征、固有秩序具有尊重甚至敬畏之情，从而在操作过程中严肃、认真、细致，不草率行事，不急功近利。

培养对操作对象的认识、探索兴趣，直至进入专注、迷恋的情感状态。

执着顽强地进行操作，欣赏人自身战胜困难的力量，对自我崇高感持审美态度。

操作对象的多方面意义越来越需要人去挖掘，唯有发自内心的关注才能发挥足够的力量去把握和拥有存在的具体性、多样性，而不使客观对象变得贫乏和公式化。

三、人与他人

人与他人的关系是世界上最基本的关系。人（我）与他人是两个有原则性区别而又相互关联的价值中心，甚至可以说，所有存在的具体方面都是围绕着这两个中心分布和构建的。教育应当考虑以下一些具体目标：

保留和珍惜人类本性上与他人相关联的自然感受，有哲学家用"联系感"这一概念来表述它，认为它首先出现在婴幼儿时期。

以正确的情感应答方式把人早期的依恋感、安全感和信赖感建立起来。

学习识别、判断、体察他人的情绪、情感，对他人有感情移入，有同感和同情心。

尊重他人的权利，尊重他人的隐私权和内心世界。实际上是承认人有权保护自己的精神世界、思想感情和友谊关系，承认人类精神独处的必要性和可能性。这是文明社会发展出的新的道德价值。

减少攻击心理，有仁慈、宽容和体谅之心，培养与人友好、合作共事的和谐、圆融和豁达的性情。

善于识别、判断他人通过情绪、情感反映出来的对自己的需求、期望与评价，从而调整自己的态度与行为。

对本人违背道德的行为有羞耻心，对伤害他人有内疚感。

四、人与社会

人与社会的关系既可以是很具体的，如与切近的集体或小集体的关系，也可以是较抽象的、较宽泛的。在现代社会中，这一关系可以衍生出很丰富的层次，具体有：

热爱养育自己的故乡，教育和培养自己的学校、班级、各种非正式的群体以及职业单位；具有集体（群体）荣誉感、亲和力和凝聚力。

对集体委托的事宜有义务感、责任心，信守诺言，热情务实，并常常从为集体服务和履行职责中感受到生存的意义与乐趣。

在处理人际关系与社会事务时培养正直感、正义感，对社会公正抱有信念。

增进与不同文化背景下的其他阶层、其他民族和其他个体的沟通与理解。

关心政府决策，关心民族命运，关心祖国的利益与荣誉。

关心世界和平，关心种族平等，关心人类公正。对民族内外、国家内外一切不合理、不公平的现象有愤恨之心、忧虑之情。

五、人与自我

在整个教育体系中，提高自我是最重要的。自我不是孤立存在的，而是通过与其他四组的关系形成的。自我是向外求索与向内求索的统一。成熟的自我感就是人成熟的反省意识，就是内省认识与人际认识的结合或融合，就是对自己负责和对社会负责的一致性的体现。具体来说，可以构建以下目标：

善于识别、体察自己的情绪感受，学会合理、有度地控制情绪，对内在情感做出适宜的表达。

热爱生活，享受生命，幽默、旷达、悠然而自得其乐。

谦和、自知，自我评价符实，有现实感和胜任自如的愉悦感。

学会控制由挫折引起的矛盾，善于调节现代生活造成的紧张感、压力感和恐惧感。

自尊、自爱、自强、自立，核心是依靠自己的勤奋努力，以及与他人的相互学习和友好合作而获得进步与成功。这种自我提高、自我发展、自我完善的健康意识，有助于个人更少依赖别人，免受各种妒忌，增强自我适应感。

关系—建构法有如下不同于前两种方法的特征：

第一，突出时代特征，强调教育设计要着眼于现代社会的需求。

第二，传统的道德感、理智感和审美感的界限被打破，在五重关系中融为一体。

第三，每一个系列都包括一些最基本的情感要求，同时又以这些基本要求为基础而衍生出其他一些情感目标。构建目标体系时，要抓住最基础、最核心的情感目标。

第四，一个具有基本价值的情感目标在漫长的历史发展中是永恒的、稳定的、传统的，它比被支撑、被派生的东西更经得起时间的考验，如具有同情心、仁爱心、尊严感、终极关怀等。此外，它在人类社会的生活空间中具有广延性，如责任感就是迁移能力很强、弹性很大的情感素质。

以上我们初步分析了目标建构的三种思路和方法。它们从不同的角度出发，提出了不尽相同但却相通的构建根据，可以对我们的实际构建起启发思路、相互弥补的作用。各级各类学校的情感教育，并不是作为单独的实体而存在的，而是由各方面的教育活动共同承担的。因此，从总体看，情感教育的目标设计是功能性而非实体性的。各级学校应根据自己的办学实际与原有特色，选择情感教育的突破口或切入点。比如，可以从认知学习切入，也可以从审美教育切入；可以从德育切入，也可以从体育切入；可以从教师的情感化育切入，也可以从集体的情感氛围建设切入。用不同的切入方法来实现情感教育目标时，还要考虑具体的操作目标体系，同时配置相应的评估体系。

第六章 情感教育的内在过程

情感教育过程是与认知教育过程既相联系又相区别的。由于这一过程具有相对独立的目标以及相对独特的运行特征，其操作机制与认知教育有所不同。我们需要寻找有别于认知教育的另外一类概念和范畴来描述这个过程。我们认为，情感教育是在教育指导下，个体情感世界发生变化、人生经验发生改变的过程，它由情动—感受、体验—理解、价值体系化—人格化三个相互联系并相互过渡的过程构成，三者之间是后者包容前者的递升关系。

第一节 情动—感受过程

情感教育的过程首先是情动—感受过程，它是情感教育的基础和起点。

一、情动—感受的教育学含义

情动对人的发展的意义价值，教育思想史上一直是有争论的。在古希腊，最典型的是柏拉图与亚里士多德的主张。柏拉图认为，人的宁静心境可能被诗歌等艺术形式煽动起情欲而遭破坏，因此要把诗人驱逐出理想国。亚里士多德则认为情欲不可免除，悲剧尽管导致情绪的大起大落，却能升华出怜悯、同情、忧患的痛快之感。近代，西方又一次出现了古典主义的理智战胜情感说与浪漫主义的情感熏陶说之争。中国历史上也有过以先秦儒家为主的节情、化情说，宋明理学的抑情说以及道家的情感自然表现说等。

甚至到了心理学用实证手段研究情绪时，对情绪的功能仍然有不同的看法，较多的心理学家看到，"情绪是一种被激烈扰乱的感情过程或状态"（扬），"情绪是一种对平静状态的分离或破坏"（普里布拉姆）。干扰论的理论模式是：正在进行的、有组织的、习惯了的和以前适应了的事件，遭受干扰、失败、阻断或抑制，从而产生自主神经系统的唤醒，这时产生的心理活动之间的冲突或不协调即导致情绪的产生。当今研究的发展表明，即使是持干扰理论的人，也不断有新的解释，例如：利珀认为情绪并非紊乱的动机系统；劳奇把情绪激起看作能量的激起，其释放便是动力的机制；曼德勒把干扰论同认知论结合起来，把认知评价和意义分析引入冲突中。总之，由于评价的作用，情绪已经去掉了"干扰"这个术语的负性含义。现在可以认定，情动是陷入非常状态的主观经验，它使精神和身体的能源突然地改变分布状态：情动时，由于能源的调度和重新分配，人有可能更多地投入各种状态，其感情丰富，活动能力提高；但是，如果丧失理智，也可能影响活动能力。

什么是人的感受现象呢？情绪心理学把感受和体验当作同一心理现象加以描述，指出它们是心理活动的一种带有独特色调的觉知或意识，是心理的一种主观成分。从发生上说，情绪感受或体验是脑的感受状态。有机体在内外刺激的作用下，其网状结构的激活在中枢，特别是在脑的较高级部位留下的痕迹具有感觉的性质。这种感觉不是指特异神经通路的感觉（sensation），而是指非特异神经通路的感觉和感受（feeling），它的传递方式是独特的，即输送的兴奋是弥散的，影响整个神经系统，并卷入整个有机体。具有特定含义的感受或体验，其意义和内容不是指语词意识本身，而是指在语词意识中出现的情绪的感受色调。它们不是从认知加工系统获得的，而是从有机体在同环境相适应的过程中对生存和需要满足与否的感受状态发展来的。感受是人的一种特殊的感知方式。它既不是单纯地看，也不是单纯地听，而是各种感官作用所产生的一种综合效应，是主体对客体的一种整体的情绪把握。感受与观察等其他感知方式的区别在于：主体在感知过程中不仅仅作为信宿存在，同时也作为信源存在。在感受社会生活时，它不仅仅输入客体信息，而且"激活"已有信息，在输入信息的一刹那，主体心灵中的有关库存被"激活"了，这些被"激活"的信息和刚刚输入的信息相互作用，从而把新的信息纳入已有的框架中去，形成一种边缘模糊的情绪状态或者经验状态。

总之，当代研究几乎一致承认，情感信息的加工方式与认知信息的加工方式不同，它依赖于感受状态的发展，依赖于情感体验在意识中出现的性质，如果没有感受现象，就不存在情感发展的机制，就不会有任何情感经验作为印记留存在记忆系统中。正因为这样，我们才把情动—感受看作情感教育中一个不同于认知教育的独特范畴。

二、人的情感—认知图式

情感—认知图式指的是某些特定的情感模式同特定的认知定式在长时期中不断结合而形成的心理特征或心理结构倾向[①]，这类情感和认知的心理组织在人的生活历程中固定下来，对人的行为不但有动机的功能，而且起预示的作用。情感认知的结合图式是从个体早期起就逐渐形成的，根据感情—认知学派伊扎德的研究，婴儿在前语言阶段的情绪感受可分为既有重叠又有联系的三级水平，即感觉—感情水平、感情—知觉水平、感情—认知的相互作用水平。第一级完全表现在生

----

① 孟昭兰：《人类情绪》，107 页，上海，上海人民出版社，1989。

理上的满足与否，第二级受以短时记忆为基础的知觉图像的制约。感情—认知的相互作用是情感发展最经常的操作形式，不仅在婴幼儿0.5岁到1.5岁的前语言阶段逐渐起主要作用，在语言发生后也始终起主要作用。感情—认知发展的最初阶段就已经出现了固定倾向，我们把它称为情感—认知图式。成人对婴幼儿的主动情绪反应的敏感程度、应答程度以及应答方式，造成感情—认知的固定倾向。例如，兴趣、快乐的结合产生探索、冒险的倾向，惧怕和害羞带来怯弱的感受，愤怒、轻蔑则增强自我确认和自我肯定的判断。

情感—认知图式是学校正规情感教育的生物—社会性前提，它意味着情感教育与认知教育一样，面对的同样不是"白板"。这就给情感教育提出了两方面的任务。一方面，人的原有情感—认知图式分化程度低，定向趋势很不完善，需要教育给予新的刺激以转换图式，促使图式质变，达到新的平衡；另一方面，在原有的平衡状态中，主体主要是用现有图式去同化外部刺激的，教育必须寻找适当的、能为主体接纳的方式，在平衡—不平衡—新的平衡的无限过程中趋向成熟丰富。

三、情动—感受的可能发展

在教育影响下，人的情动—感受的变化是多维度的，我们应力求使人在各种维度上都得到发展。

(一)从自然—适应性到社会—适应性

情绪心理学的研究证明：现代人类每时每刻发生的情绪过程，都是其自然的适应性同社会联结的综合，是有机体古老的脑(旧皮质和丘脑系统)和现代的脑(新皮质)的共同活动；是人类的自然环境和社会环境对具体人发生影响的交织。[1] 自觉的情感教育尊重人的自然适应性，整个情感教育过程都是人的自然适应性同社会联结的综合。这是我们

———————————

① 孟昭兰：《人类情绪》，41～42页，上海，上海人民出版社，1989。

进行情感教育的基本的理论出发点。

　　人的情感—认知图式是在人早期于母婴情感接触的方式中形成的。如果母亲或抚养人提供了温暖、关注,有及时应答、及时鼓励的情感氛围,儿童便会产生满足、依恋、移情、快乐和自信的感受。这些感受来自人的自然生物本性,具有自然—适应性质。此后,儿童期与青少年期的人际经验如果充分而适当,将有助于在依恋感的发展链环上培养起归属感、信任感,否则,容易产生孤独感、疏离感甚至抗拒心理。研究显示,在家庭、学校和同伴中受欢迎的孩子,大多友善、乐群和外向,喜欢参加团体活动,遵守团体规则,并能同情、接受及善待他人。学校教育不能离开人的这一自然—适应性的基础,相反,要利用这一基础,通过学校中良好的人际情感关系,提供一个安全、温暖、鼓励、理解的环境,使人们的自然依恋向社会归属发展,完成向社会—适应性的转化。苏霍姆林斯基认为,要努力在儿童集体中创设感觉细腻、待人热忱和分寸适度的相互关系。阿莫纳什维利更生动地指出,不要以为孩子到学校里只是想读书,他们还想与同伴交换玩具,与同伴讲知心话。在良好的情感环境里,老师、他人在自然状态下的表情、动作等非语言符号所传递的对是非的褒贬之意,对人的期望与失望之情是重要的非语言(non verbal)影响形式,能够使孩子在自然真实的气氛中不知不觉地接受社会价值观念的传递。

　　不仅如此,好的情感环境对人的亲社会行为总是给予及时的肯定性评价,人的自然本性中追求赞扬的心理借此可以得到满足。尽管开始不一定是追求道德本身,但是它所带来的喜悦会渐渐成为一种内强化,吸引人追求利他的快乐,回避道德失当带来的痛苦。美国心理学家 H. 加登纳指出,儿童这一时期常被强烈的,同时又是相互对立的情感所困扰着……的确,他有自己的情感经验,然而正是他的群体为他的那些情感提供了参照点和必要的释义方式。[①] 我们认为，良好的学校教育环境为人找到了情感发展的参照点，给人带来了不同的满足方式，虽然并不能全部及时地获得满足，但只要认同教育传递的价值，总可以在适应的水平上获得满足，并自然而然地完成向社会—适应性水平的过渡。

(二)从生物—社会性认知走向文化—社会性认知

情绪心理学研究表明，儿童早期的情绪感受与表情具有先天一致性，表情的抑制和掩饰是在后来的社会化过程中逐渐习得的。某些简单刺激的感觉达到脑的相应区域，并不需要大脑皮层进行认知调节，只要在脑组织中印上痕迹，就足以激活感受。我们可以把这一感受状态认作表情和情绪感受自然结合的生物—社会性认知。

怎样将感受发展到文化—社会性认知水平？以往的教育没有从理论上认识其中的几个中介概念，使得我们对"认知学习过程可以促进情绪感受的分化"这一命题的理解十分空泛。实际上，我们至少需要引入两个中介概念。

一是参照情境。幼儿对情绪感受的认知——命名、理解和运用——是在参照情境中出现的情绪画面、幼儿自身的情绪表现和成人的言语描述这三者之间产生联系的过程中获得的。换句话说，只有在表露出这种联系时，教学过程才有效；而且，这种联系只有发生在一定的参照情境中，教育过程才有效。我们的学前教育和小学低年级教育以各种手段创设情境并取得了良好的情感教育效果便是证明。

二是诗化语言。卡西尔指出，语言常常被看成是等同于理性的，甚或就等同于理性的源泉。但是很容易看出，这个定义并没有能包括全部领域。它乃是以偏概全，是以一个部分代替了全体。因为与概念

---

① [美] H. 加登纳：《智能的结构》，兰金仁译，287 页，北京，光明日报出版社，1990。

语言并列的同时还有情感语言，与逻辑的或科学的语言并列的还有诗意想象的语言。① 情感教育是依赖情感语言和诗意想象的语言以完成人的感受水平的上升的，其中涉及加强语言的情感色彩、使用扩展性陈述、讲究语音语调以及发展对话性语言等。

首先，要教会人用语言文字表达情绪状态，即弄清情绪表达的内容后以文字为情绪命名，使人的情感经验巩固、储备起来，能够在茫茫的个人情感海洋中掌握方向。有经验的教师能够驾驭语言，能够利用各种参照物解释情感词汇，同时运用语音语调和体态表情把语词概念本身的情感色彩凸显得五彩斑斓。

其次，要想传达更细腻、确切的情感体验，仅靠一般字词、语言不行，要借助描写手法的扩展，这些扩展性描述有益于情感差别的理解和情感经验的巩固。

最后，还要尽量使用对话语言，因为对话语言的目的是让人明白自己想说什么，即表情达意。如果没有表达自己想法的能力，以适合当时特定的交往环境，就既不能表达自己的感情，也不能获得别人的理解。我们的学前教育、小学教育比较重视复述、朗诵等书面语言、独白语言形式，它们当然可以帮助儿童提高情感理解能力，掌握情感的反应尺度，增强表情的丰富程度，但是，如能增加角色扮演即情景对话的机会，则可能更加有效。据一位幼儿园教师调查，尽管他们采用了复述、讲故事、表情朗读等教学方法，但只有 55％的幼儿有与人交谈的情感要求。所以，要教会儿童用对话语言实现情感交流的目的。

（三）从感受的可能抑制，到感受的持续发展

感受发展的再一个维度就是感受的丰富性程度。

情感教育的过程从某种意义上来说，就是丰富人的感知觉，使人

---

① ［德］恩斯特·卡西尔：《人论》，甘阳译，34 页，上海，上海译文出版社，1985。

生活在自然的而不是概念的世界中。许多人一旦学会了说话，对现实的感知觉就为现实的概念所过滤、所指导。只要学会了一个概念，一个人就会长时间看待一个给定的客体，把它放入一个适当的范畴，忽视了事物的很多真实情况。所以，语言文字常常限制了一个人在具体场景下的实际体验。① 有人批评现代教育不能自动解决人的审美感受和艺术兴趣问题，认为在精神情感不发达、直接印象积累贫乏的情况下，形式主义地掌握大量知识，必然造成人的感受萎缩。美国哈佛大学零点课题研究已经提出这样的问题：在一定的年龄以前，逻辑思维的发展与非逻辑思维（即想象神话思维）的发展是否存在相互抑制的关系？因此，情感教育的过程应珍视、保留人的生命早期敏锐的感受能力、强烈的感受欲望及其细致性和独特性，不要急于将这一丰富的感知纳入逻辑训练的轨道，让人的社会感受和审美感受牺牲在急风暴雨般的"读、写、算"中。这一过程具体包括三部分：

一是对大自然的感受。康德说过："对自然美抱有直接的兴趣……永远是心地善良的标志。"② 因为美就是真，就是善，三者是统一的。施行情感教育，就需要让人经常处在大自然的怀抱中，多观察、多感受，并练习将自己的感受用语言表达出来。外部自然中的无数形式和现象都是与我们的内心世界息息相通的。四季的变换、生命的律动、劳动的节奏……这一切都与人的生命节奏、生命活力相映照。审美知觉经过培养，自然外物崇高、细腻、优美、曲折、变化等的特定外在形式便容易与人的特定内在心理状态形成同形同构的关系，从而产生一种特定的感受，这种感受便是人与宇宙自然拥抱合一的情怀。

---

① ［美］悉尼·乔拉德、［美］特德·兰兹曼：《健康人格——人本主义心理学观》，刘劲等译，69 页，北京，华夏出版社，1990。

② ［苏联］阿尔森·古留加：《康德传》，贾泽林、侯鸿勋、王炳文译，186 页，北京，商务印书馆，1981。

二是对艺术形式的感受。苏联美学理论家列·斯托洛维奇指出，不是每个人自童年起就有幸看到艺术天才的创作，接受文化价值，同精神丰富的人们接触。[1] 学校有目的地通过艺术审美的途径是可以弥补人的感受缺陷的。比如，音乐可以作为感受知识或感受形式的一种方法，它能够通过促进联想来提高人的感受力。再比如，文学、美术、雕刻中惟妙惟肖的形式凝聚着艺术家的情感倾向或情感模式，以审美知觉去欣赏便能受到形式中简约有力的暗示性信息的激发，从内部向外投射心理能量，由原有的情感——认知图式幻化出一定的意境，在意境之中感受到生命的节奏和情感的奔驰。所有这些艺术感受，从知觉想象到理解过程，并不是对形式符号意义上的推断，而是对能动情感的感受和把握。因此，对美的自然和优秀艺术品感受多了，人的情感评价倾向即情感模式也就渐渐内铸而成了。

三是对人际情感的感受。皮亚杰认为，2～5 岁的儿童虽然对自己有认识，但这种认识仍是僵化凝固的，他能说出自己的名字，也许还能细数自己的身体部位，但他尚不能对希望或需要，对改变角色或改变期待有感受性——他仍是个单维度的人。不论他受侵扰与否，在他这个年龄的儿童都被描述为孤立的个体，是个试图建立起自律的，对其他个体的世界比较没有感受的个体。[2] 学龄期开始，应该着手培养和发展人在这方面的感受。经过有目的的设计，使儿童和少年学会识别情绪，产生移情，关注别人的需要，友善待人，以及因自己的过失产生内疚等感受。通过训练和教育，人对情境、对他人、对自己的情感从粗糙到细腻，从分类不当到恰当，从判断错误到判断正确，在较

---

① ［苏联］列·斯托洛维奇：《审美价值的本质》，凌继尧译，191 页，北京，中国社会科学出版社，1984。

② ［美］H. 加登纳：《智能的结构》，兰金仁译，286 页，北京，光明日报出版社，1990。

大的群体中能适当地做出感情应对，与他人进行有分寸的情感交往。

第二节　体验—理解过程

一、体验—理解的教育学含义

传统心理学把体验与感受作为同一种心理过程。认识论视野中的体验与感受则不同：感受是主体的感情、价值、伦理等因素对作为客体的各种信息的选择、同化和净化；体验是主体把自身当作客体，从而获得关于客体的感性信息的一种感知方式。体验方式有两种：一种是心理体验，另一种是实践体验。所谓心理体验方式，是指认识主体在观念上把自己当作客体，使自己暂时根据客体环境、立场、观点去观察事物、思考问题，从这种体验中去获得关于客体的信息。所谓实践体验方式，是指认识主体在实践中把自己暂时变为现实客体，不仅站在他所研究的对象的立场和观点去观察和思考问题，而且直接作为客体中的一分子去生活。总之，认识论仅仅把体验作为认识客观世界的一种特殊的方式。

我们将体验作为情感教育的一个主要范畴，并不把它局限于认识论中的体验概念。我们认为，体验作为情感教育理论中的一个重要范畴，既有认识论的意义（即用体验的方式达到认知理解），又有本体论和价值论的意义（即体验是人的生存方式），也是人追求生命意义的方式。教育学要从传统的单一认识论的框架走向本体论、价值论的视野，就必须提出体验范畴的独特意义。

在强调情感教育是人的体验过程时，我们还需要区分两种体验概念，我们把它们称为被动体验过程和主动体验过程。被动体验过程取传统心理学的含义，即指伴随着主体意识内容的直接的、经常的情绪形式，它和认识不同。认识过程包括知觉、思维、记忆等积极形式，被认识的直观内容表现为消极客体，即心理活动指向的消极客体。也就是说，直观内容在意识中被提供给我们，被观察者视作客体出现，而观察者作为行为的主体出现。在体验中这些关系恰好相反：体验自发地、直接地、自然而然地提供给人们，不需要人的专门努力，即不是凭借意识和反省的努力。在这里被观察者是积极的，因而是逻辑上的主体，而观察者仅仅是感受者，是被动的，并且表现为逻辑上的客体。

主动体验过程强调的不是体验直观，而是体验活动。它对心理学中的活动理论加以补充，认为主动体验过程是活动的特殊类型，是确定主体同世界的关系及解决主体现实生活问题的独立过程，协助解决外部"物质—实践"活动和认识活动不能直接解决的生活情境中的问题与冲突。体验活动的外部行为不是以直接达到某些实体的结果来进行的，而是通过改变主体意识和改变主体的心理世界来进行的。体验活动的内部心理过程并不仅仅是情绪过程，还可能由知觉、思维、注意以及其他心理机能来承担。它的积极意义在于，不仅把情绪看作一种特殊的反应方式，而且主动地感觉已出现的感情活动。这种体验活动不在于认清情境的意义或找出潜在的、确有的意义，而在于自己建立意义、产生意义。因此，它是一种现实地改变心理情境、积极地改造心理世界的特殊工作，是有结果的内部过程。如苏联心理学家瓦西留克所提到的，体验活动的结果总是一种内部的主观的东西——精神平衡、悟性、心平气和、新的宝贵意识等。[①] 对于我们所要完成的情感教育来说，这两种体验并不能相互取代。前者作为人们日常生活情感的内在形式，天长地久地、悄悄地累积着，始终和知识一起相互渗透地存在于人的意识之中，它是一种心理事实，是与个人生活血肉相连

---

① ［苏联］ф. E. 瓦西留克：《体验心理学》，黄明等译，11 页，北京，中国人民大学出版社，1989。

的一部分。后者是有目的的教育活动的一部分，其功能和机制是我们要着重探索的。

教育不仅关心人是否有知识，而且关心人是否有体验，关心人体验到什么，追求什么样的体验以及如何感觉自己的体验。教育把人的体验过程看作教育活动的基本形式之一，并且相信体验活动的过程可以在一定程度上驾驭它、推动它、组织它、引导它。

二、作为教育活动方式的体验类型

教育要使人成为情感经验丰富、内心世界丰富的人，作为教育活动方式的体验应该按照人的情感要求的全域来设计。目前我们的教育在这方面积累的经验还不多，因此尚难以概括提炼出完整的类型学思想，并做出恰当的分类，但我们认为，至少以下几组类型及其相互关系是可以考虑的。

(一)内容维度：接受性体验与创造性体验

我们把有意识的陶冶称为接受性体验，这是教育体验活动中最常使用的一种类型。人类的精神活动经由历史的积淀过程而成为一种财富，教育者从中选择具有陶冶价值、易为受教育者接受的精神文化，如优秀的哲学、历史、文学、艺术等，作为情感教育的陶冶资源。这一体验活动带有比较明显的传递性与接受性。

创造性体验是在教育为人提供的创造实践中获得的。只要教育承认学生在各种领域都有创造潜力，并且鼓励学生的创造性，创造性体验随时都可能油然而生，给人带来无限的喜悦。

(二)空间维度：紧张性体验与庇护性体验

教育人类学把空间问题与人的本质联系起来考察研究，提出了"人的体验空间"的概念，体验空间即"具体人的生活发展所需要的空间"。教育体验活动应该设立两种"体验空间"。一是主客对立、具有紧张关系的空间，如人的创造性生产活动、战胜困难的欢乐、受外部关系制约的压抑等。没有这类体验，无法体现人的本质力量。二是与空间完全融合的庇护性的内部空间（例如，温暖、关怀、信任的教育气氛，以及和谐、优美所引起的轻松感、愉悦感和舒适感等），这些都令人产生回归于自身家园的亲切感觉。

（三）时间维度：期待性体验与追忆性体验

一个人不能没有期待，不能没有对未来的憧憬。思考着未来，生活在未来，是人性的一个必要部分。[①] 根据文化人类学的考察，在一切重要的转折关头，人们总是倾向于集体的接受和体验。原始初民和少数文明发展迟缓的民族流行一些神秘而隆重的礼仪，如出生礼、成年礼、婚礼、安葬仪式等。当代情感教育仍重视人生中角色转换时期和庆典活动的体验，如入学、毕业、入队、入团、入党、参军、就职、远征以及结婚仪式、国家和群体庆典等。它们往往是一个人地位、身份、角色改变的界碑，对一个人形成对自己的期望感和对生活的好奇感都有益处。在少年儿童和青年人中举行的歌颂青春、理想、生活等活动也属于期待性体验活动。

追忆性体验帮助人重新发现已逝生活的意义，人不仅能通过想象、联想和记忆把最好的、最值得珍视的情感经验重新提取出来，而且能挖掘出以往平淡生活中美的因素，以积极地享受人生。对生活中的危机，如亲人死亡、偶发事故等，教育应注意引导人将痛苦的经历转化为积极的生活财富。教育人类学家波尔丹诺夫认为，人在幸福气氛中所体验的时间性，在某种意义上说，优于人在不安气氛中所体验的时间性，这是因为人的信念更多的是在幸福的瞬间树立起来的，只有在幸福的瞬间人们才能感受到自己的完善性，以及周围世界的完善性和

---

① ［德］恩斯特·卡西尔：《人论》，甘阳译，68 页，上海，上海译文出版社，1985。

稳定性，生的力量才能得到肯定，新的生活课题才能接踵而至。① 人一旦学会将那些原先造成危机的情绪事件转化为生活财富，便能够获得对新生、对稳定的体验，孕育出新的人生计划。

三、教育影响下人的体验的可望发展

(一)从被动体验到主动体验

现代心理学研究表明，情绪体验可以分为三种水平：第一，与机体需要相联系的情绪水平；第二，情感的对象化水平，它包含个人对客观现实的多种态度和有意识体验，表现为丰富多彩的情感；第三，概括化的情感水平，其体验表现为高级情操。把上述分析与我们对被动体验和主动体验的概念界说联系起来，可以相信，在教育的影响下，人的体验发展水平确实可以从被动走向主动。被动体验的特征是，它们与机体的需要相联系，是人们对客观—现实当下及时的体验，伴随有情绪唤醒而表现出情动，但主要是生理—心理层面上的变化，体验的水平仅停留在生活表层。这种体验或者转瞬即逝，人对其中的意义是麻木的，并未引起他人与自我关系的联想；或者时有浮现，却没有形成确定的、内容丰富的趋向，对自我的成长并没有更深刻的影响。对于儿童来说，由于他们大脑皮层的认知加工尚不充分，轻度唤醒已经能在脑内留下痕迹，作为早期经验潜入无意识中去，但对于形式思维开始发展甚至充分发展的青少年和成人来说，这一体验水平便不能对情感发展起更大的作用了。

苏联心理学家瓦西留克分析认为，人的体验水平是以文化历史作为中介的。对于古希腊、罗马的奴隶来说，他们没有人的个性经验，"在人的自身中缺乏他们是人而非物的意识"，因此他们不会有任何体验的需求。所以，就个人而言，只有人意识里的主体性觉醒了，自觉

---

① 参见崔相录：《二十世纪西方教育哲学》，哈尔滨，黑龙江教育出版社，1989。

性、随意性、首创性和责任性等价值得以确立时，人才有体验的迫切需要。以苏联心理学家维果茨基为代表的文化历史学派认为，体验既以历史文化为中介，又以心理学工具为中介，它们之间有社会历史决定的一般图式与个人交往中所受到的教育的对应问题。情感教育建筑于以下合乎逻辑的假设：集中历史上典型生活情境的体验，当这些情境属于同一类型时，它们中的每一个体验都应具有足够的内容规定性。同时，当它潜在地接近个体生活时，也就是说，具有普遍意义时，体验应当具有相当的形式。渐渐地，个体意识便接上了某种文化的意识"图式"而重新改造自己原有的图式。我们认为，这样一来，个体体验就不再是被动的、自发的和偶或的，而是主动挖掘、领略和享受其意义，从而能积极地再度去追求这类体验的文化给出形式。情感教育的所谓"构成规律性"，指的正是这种文化给出形式。人发展到主动体验的水平后，便不再停留于直接的、当下的满足，也不再受制于物欲和私欲，为了寻求或验证某种更高的意义关系，他宁肯承受痛苦的感受。因为在痛苦之后，人会因自己在对象化过程中表现出的本质力量而感到自豪，甚至崇高。席勒和康德在确定美学中"崇高"这一范畴时都描述过类似的体验过程。康德在描述道德情感时，特别把道德情感与一般的同情区别开来，认为道德情感正是既体验到受限制的痛苦又体验到战胜自己的崇高那样一种既痛苦又快乐的情感。

（二）从经验到理解

德语中的"经验"（Erlebnis）一词源于 Erleben，本意为"仍然活着"或"仍有生命"。它用于指亲身体验过的或正在经历的、不再消失的永久性内容。

情感教育过程中发展起来的"经验"概念不同于认知教育中的"经验"概念。自然科学研究的目的在于把经验客观化、公式化、抽象化、数量化，对经验的描述也力求规范化。情感教育所理解的经验是人直接体验到的生活，它先于理解，先于与他人的语言交流，也先于反思。其独到之处在于被视为人在反思前的与外部世界的存在上的统一状态。经验不是站在体验者的对面而成为分析的对象，而是体验者在经验中存在。① 经验是生活赋予的人与世界的联系，它对人生有一种持久的意义。它不仅通过记忆和体验把人生的价值与意义保存下来，而且随着记忆进入人对生活的理解中，随时影响个人对人生的认识。文化哲学不再把记忆仅仅作心理学中感觉主义学派的解释，而是强调记忆是一种过程，靠着这个过程，人不仅重复他以往的经验，而且重建这种经验。

　　情感教育的过程不是以主客体区分的思维模式去分裂经验与体验者，去剔除生活中的经验成分以上升为观念、体系和规律，而是认定经验对人生有着观念无法取代的持久意义，特别珍视人通过体验获得的生活经验。一个人越是能够更多地体验人生，更多地接触历史保存的经验，他便越是能够更多地体味出生活的意义。正如苏联心理学家鲁克所提到的，个人的情绪经验越是多样化，就越容易体会、了解、想象别人的精神世界，甚至会有"密切的情感交流"。② 心理正常的人在任何活动中都富有情感，他不论做什么，从来不以漠不关心、无动于衷的态度去对待，而是以活泼的情感倾注在任何工作中。这样的人对待周围的人总是表露出友好的情谊。③

　　经验是理解人生的起点和基础。情感教育过程中的"理解"（under-

① 殷鼎：《理解的命运——解释学初论》，237 页，北京，生活·读书·新知三联书店，1988。

② ［苏联］A. H. 鲁克：《情绪与个性》，李师钊译，236 页，上海，上海人民出版社，1987。

③ ［苏联］A. H. 鲁克：《情绪与个性》，李师钊译，237 页，上海，上海人民出版社，1987。

standing)不同于认知教育过程中的"解释"(explanation)。它建立在这样的信念上：人不是生活在因果关系的锁链中，意义、意图和理解等自始至终渗透于人的行为和生活中，不能用因果关系去解释。意图和行为也不单纯是时间意义上的前因后果，因为意图及人赋予他的行为的意义，一直贯彻到行为的终结。所以，笛尔塔认为，自然需要给予解释说明，对人则必须去理解。① 理解不同于知识，而是与艺术有相通之处，它们都是创造性的。知识可以是非个人的，而理解只有在个人的心境中才能出现。个人理解的个性来自生活经验形成的视野的独特性。因此，情感教育影响下的理解过程正像伽达默尔一再强调的那样，不是以否定解释者自身视野的特殊性开始，而恰恰是要依赖其视野，最大限度地容纳所能感知到的解释对象的境界。一厢情愿的所谓道德教育不能取得效果也就不难理解了。

理解是在"前理解"(pre-understanding)的基础上进行的。前理解是指以往的知识储备和情感经验。理解是一个人知识和经验的表达方式，它卷入情感、体验以及愿望，对所理解的人与事采取一种同情的态度，一种感情上的介入。理解也是一种再体验，体验他人人生的同时体验自己的人生，因为理解他人总是在自己的生活经验中进行的。

总之，在情感教育影响下发展起来的理解不是手段，而是目的。它不像认知教育那样通过理解，由个别推出一般规律，而是在情感经验的积累中依旧保留着个人内心世界的特殊性和丰富性。鉴于教育评估的局限性，目前尚不能完善地鉴别人的理解水平，但各国已开始注意在课程设置、测试内容及测试手段中注入上述思想。

---

① 殷鼎：《理解的命运——解释学初论》，103 页，北京，生活·读书·新知三联书店，1988。

第三节　价值体系化—人格化过程

从根本上说，情感教育就是培养人对价值的感受和体验，并逐渐将社会文化的客观价值移入人格内部，使人形成融合统一的价值体系。从情动—感受到体验—理解，人都在不断地选择、吸纳价值。当内部的价值体系还没有组织化和明朗化的时候，每一次体认都是一次选择，同时，每一次选择也都是内部价值的建构。情感发展的最高阶段就是价值体系化—人格化。

一、价值体系化—人格化的教育学含义

美国布卢姆等人把情感教育的最高目标设定为价值体系化基础上的性格化。所谓价值体系化，即指受教育者把各种价值（不能是毫无联系的价值）组成一个价值复合体。当学习者连续地将价值加以内化时，他会遇到各种同不止一种价值有关的情境。这就有必要：把各种价值组织成一个体系；确定价值之间的相互关系；确立占主导地位的和普遍的价值。[①] 他们认为，在理想的状态下，有序的关系是一种和谐的和内在一致的关系，这种关系可以控制个体的行为，使人在相当长的时间内依此行事，除非个体受到威胁或挑战，行为的唤起不再引起情绪或情感。当然，他们也承认，在现实中，整合可能不是那么完全和谐的，可能最好是把这种关系描绘成一种动力平衡。[②] 这种价值体系化的描述有其独到之处，但其教育的自由资本主义性质与我们的截然不同：不强调教育对个体价值观的明确导向，过分重视个体的自由选

---

① ［美］B.S. 布卢姆等：《教育目标分类学：第二分册　情感领域》，施良方、张云高译，205 页，上海，华东师范大学出版社，1989。

② ［美］B.S. 布卢姆等：《教育目标分类学：第二分册　情感领域》，施良方、张云高译，206 页，上海，华东师范大学出版社，1989。

择。社会主义教育强调人的价值体系化必须以教育期望的价值为核心价值，用核心价值统领整个价值序列，认为这样的价值体系化过程才具有教育学意义。

我们用人格化来标示人的情感在教育引导下走向体系化的内部状态。现代情绪理论的研究发现，许多关于人格特质的研究，实质就是关于情绪特质的研究。一般认为，人格特质是由情绪组成的，特别是"如果把人格特质确定在人际关系这个范畴之内，那么在人格特质与复合情绪之间，应当说没有什么不同"①。伊扎德提出，在人格系统中，情绪处于核心位置，他从情绪的动机品质着眼，认为情绪是核心的动机和组织力量。艾森克发展出来的人格特质模式则完全按情绪特质来排列，是情绪状态在人格结构中的沉积。② 布洛克和普拉切克的情绪特质分布模式图也都如此。它们说明了这样一个共同的问题：人格特质能被复合情绪概念化。

我们借用"人格化"概念来标示人的情感发展，但我们所理解的人格化，不仅是心理层次上情绪特质的稳定状态或恒定状态，而且是在社会文化大系统中，具有特定的思想文化内涵，负载着具体教育内容，比较稳定或恒定的情感反应模式。只有这种意义上的人格化，才具有教育学的含义。

二、推动价值体系化的课程设想

由于情感教育一般来说不作为学校教育中一个单独的实体性教育存在，可以不为情感教育做出单独的专设课程安排。我们可以对有助于推进价值体系化的教学内容做一些强调和补充，并做出显性课程与隐性课程的不同处理。

---

① 孟昭兰：《人类情绪》，182 页，上海，上海人民出版社，1989。
② 孟昭兰：《人类情绪》，184 页，上海，上海人民出版社，1989。

(一)哲学

哲学是对青年进行情感教育，使其情感价值体系化的最重要的一门课程。这是由哲学的性质或哲学的本质决定的。

第一，哲学首先是一种文化现象。从哲学的产生历史考察，它与其他文化现象如科学、艺术、宗教等一样，有着共同的起源。科学的本质是认识，宗教的本质是信仰，艺术的本质是热情。认识、信仰、热情，构成人类精神生活的主要内容。它们三者在历史和社会中相互联系，又常常相互矛盾，这种关系的结构或框架是否合理，需要一种超乎这个结构或框架之上的意识来加以审视。哲学正是教人超越自己，设定一个新的高度，自觉调整三者的关系，形成一个开放性的精神结构。

第二，哲学作为人的结构性的精神，与科学、艺术、宗教的不同在于它是系统化的理论结构，只有它能给人理论化、系统化的世界观与人生观。哲学中，每一具体事物都是同所有其他事物，同包括过去和未来在内的更为广阔的背景联系在一起而被感知、认识和把握的。当它着眼于特殊的个别的现象时，所力求理解的仍然是这个现象与整体世界的关系，及其在整体世界中的位置与所起的作用。所以，只有哲学才能把握关系，找到事物之间过渡、转移的规律，预示其未来的走向。

第三，哲学思考就是发现问题。所以，在作为系统化理论结构的同时它又是一个动力结构。哲学使人从所发现的价值和意义出发，从所追求的未来可能性出发，对现有事物，包括人自身的现存状况提出质疑，从而做出主动选择，并使自己原有的精神结构得到改造。由于问题、意义和价值的发现不仅是思维能力的表现，也是现实人生体验的结果，因而哲学帮助人探索未知、意义和价值的同时，也就把价值变成了动力和热情。这种表现为愿望、理解、热情的动力结构不是外部强加于人的规范体系，是人自愿诚服的、内化的东西。尽管用理想去建构现实并不等于立即转化为现实，但是，哲学正是以此成为人的情感追求无限永恒时所不可缺少的精神支柱。有人从这一角度出发认为：哲学活动的本质，原就是精神还乡。[①]

第四，从根本上说，哲学的本性是由感性通过知性发展到理性。它的特点是用辩证概念系统而不是知性概念（conception）系统揭示宇宙人生的实质。辩证概念是过程（becoming）的反映，它是动态的、综合的、具体的；而知性概念是存在（being）的反映，它是静态的、分析的、抽象的。可见，哲学对情感发展起价值体系化的作用不是人为赋予的，而是由哲学的本性决定的。如果我们把哲学的内涵理解得过于狭窄，仅仅将它作为知识体系或训练思维的工具，哲学当然不可能在情感教育中发挥应有的功能。

（二）历史

除哲学以外，历史也是促进价值体系化的重要课程之一。

第一，历史是一种综合的意识形态，它不以记述以往事件与人物为满足，而是使往昔的时代重新复活，紧紧抓住过去和现在的联系。无论人与自然的关系，还是人与社会的关系，都不是凝固不变的，而是始终处于历史发展的长河之中。历史，是人类运动两大基本关系的综合体现；历史学，则是认识这两大基本关系的必要的基础科学。正是在这个意义上，马克思、恩格斯曾强调说，他们只知道一门唯一的科学，即历史学。

第二，历史与哲学有相同之处，即都是力图从总体上把握人生或人文现象；历史与哲学又有不同之处，哲学仅从一般出发来认识永恒，

---

① 赵鑫珊：《科学·艺术·哲学断想》，6页，北京，生活·读书·新知三联书店，1985。

历史则通过具体的过去来体现和把握人类精神生活的一般。所以，兰克认为，理解人类事务有两种方法，即具体的方法和抽象的方法：历史和哲学。[①]

第三，正因为历史用具体、生动的个别去理解一般，它同艺术又有相同的功能，罗素提出历史兼有科学和艺术的成分。卡西尔则认为，艺术和历史学是我们探索人类本性的最有力的工具。没有这两个知识来源的话，我们对人的理解至多是"人性的破镜之散乱残片而已"。[②]但是历史叙述并不仅仅是艺术手段，它本身还具有认识论的意义。不深刻地了解历史，就无从把握文化的价值及其变迁，就不可能对价值进行比较、鉴别以至认同，个人价值结构的转换和形成便无从谈起。

就情感教育来说，应从以识记历史知识为主转变为着重培养历史感和历史思维。综合的、直观的、过程递嬗的、不断更替的历史之流，孕育了一种人类的深邃感情，这就是"历史感"。历史感是辩证思维的现象形态，是逻辑分析的必要补充，是从感情到思维的过渡桥梁，历史思维是以历史为灵魂，用历史唯物主义和具体的历史方法把握历史现象的能力。

(三)文学艺术教育的哲学—人文化和实证科学教育的历史—人文化

所谓文学艺术教育的哲学—人文化，是指注重选用有丰富、深刻的思想内涵，甚至有一定哲学体系的文学、艺术作为显性课程或隐性课程，可以考虑以下一些形式。

交响曲——它是旋律化的、有优美音响的诗化哲学，本身具有完美的音乐形式，内容包含着对立统一的结构。例如，贝多芬的全部乐

---

① 张文杰等：《现代西方历史哲学译文集》，190 页，上海，上海译文出版社，1984。

② ［德］恩斯特·卡西尔：《人论》，甘阳译，261～262 页，上海，上海译文出版社，1985。

曲作为一种体系突出地陈述了五大主题：英雄与人民、英雄与"上帝—大自然"、英雄与内外两界（命运）的搏斗、英雄与永恒的女性以及什么是人。它们完整地展现了人与自然、人与社会的全部关系以及这些关系中的全部情感世界。欣赏这些乐曲的过程，即是用自己的爱和恨、欢笑和哭泣体验天、地、人的关系、思考人的命运的过程。有人认为，贝多芬作品的系统性同康德体系的系统性是等值的，因为两者分别从不同的侧面体现了当时德国先进知识分子所追求的真善美的统一性。[①]

哲理诗——它用诗的语言和诗的手法表达作者思考的、领悟的人生哲学，无论是借物阐发还是直抒胸臆，它都既有生动隽永的形象感，又有寓意深刻的哲理性。卢克莱修的《物性论》、歌德的《浮士德》、马雅可夫斯基为青年们写的诗、泰戈尔和冰心的诗，以及中国当代不少青年诗人的散文诗等，都属于哲理诗的范畴。他们在自己的时代，用自己独特的哲学思维方式把对真善美的追求化为有血有肉有生命的诗歌，使它成为一代先进青年思想的向导、人生的向导和情感的向导。

文学批评——文学批评通过阐释具体的作品（小说、诗歌、电影、电视、戏剧等形式），帮助人有识别力地接触它们，并对它们进行评论。人们认为，文学批评是一种"理智阅读的正常延续"。"批评总是开始于实际的和个人的参与，在此以后，就产生提问、分析、整理和比较的需要。"对于有较高学力的青年来说，文学欣赏必须走向文学批评。文学批评主要包括鉴赏性文学批评和社会历史性文学批评。前者偏于整体观照、印象观照，包括对作家人格、风格的观照，对总体进程的把握；后者则强调对社会进行宏观观照，对历史文化进行反思。无论哪一种批评形式，都需要人肯于和善于接受启发与暗示，并且立即做

---

① 赵鑫珊：《科学·艺术·哲学断想》，357 页，北京，生活·读书·新知三联书店，1985。

出应答。它们的目标都在于帮助人走出自我，融入他人，通过别人的作品来认识自我和世界，扩展自己的人格。

所谓实证科学教育的历史—人文化，是指选用那些能够充当科学与人性、科学与文化的沟通媒介的课程，其中最主要的是科学史。

科学史不仅是科学发现的记述，也是科学家思想、观念、个性和情操的展示。科学的本质是人的活动，人对自然的改造产生科学，人在科学活动中的意志、情感和品格产生文化。在科学活动中，科学和文化原本是相互影响和作用的，如果仅仅进行单一科学知识的教育，则会由于对人的活动和人的价值的忽略使科学教育失去文化上的功能，不能培养出科学与文化两种价值取向整合统一的人。对于已经走上专业道路的青年来说，科学史教育不仅可以帮助其在科学研究中树立历史观、历史感，找到科学发现之间的关系和规律，拓宽知识面；而且可以帮助其了解科学史上杰出人物的高尚情操，陶冶情感，升华境界。著名的科学史家乔治·萨顿认为，没有历史，科学知识可能会有害于文化，同历史相结合，用敬仰来调和，它将会培养出高尚的文化。[1]从根本上来讲，实证科学只研究自然、社会的一般规律，历史才呈现具体事件。规律与事件乃是我们的世界观中最后的不可通约数，永远处在对峙状态中。[2]规律的知识具有外在的研究价值，历史的知识具有内在的认识价值，要保持人的价值取向的完整性，以科学史作为两者之间的桥梁显然是合乎逻辑的。

三、推动价值体系化—人格化的活动方式

情感教育对这一阶段活动的要求与前两个阶段相比，达到了更高

---

① ［美］乔治·萨顿：《科学史和新人文主义》，陈恒六等译，49 页，北京，华夏出版社，1989。

② 洪谦：《西方现代资产阶级哲学论著选辑》，67 页，北京，商务印书馆，1964。

级的外向化水平和内向化水平。

苏联教育家达维多夫和津琴科提出，儿童在每个阶段的心理发育情况取决于他的主要活动。因此，不同类型的活动之间的联系是与儿童年龄有关的不同心理发展阶段保持连续性的内在基础。活动互相替代、共存和竞争的顺序是一个重要的教育心理学问题。提高外向化水平，是指这一阶段的活动必须超出校园文化活动的界限，让学生走向社会，介入社会，真正充当社会角色。一般来讲高中以上的学生才有机会参加社会实践，要完全达到上述要求，往往是在进入职业生活之后。这类活动的特征是人的对象性活动与关系性活动的深度同时递升，广度同时延伸，并且其活动水平相互参照，相互影响，推动人产生较为稳定的价值取向。据我们在南京铁道医学院（2000年时，该校并入东南大学）的调查，一般来说，那些具有积极的职业情感和稳定的职业态度的人，不仅业务技能好，有职业胜任感，而且对医护、同行、医患之间的关系驾驭自如，有人际协调感。他们一般从实习时期起就初步树立了从医的信念，在以后三至五年的职业活动中形成了比较稳固的价值体系。

提高内向化水平是指情感主体思维内部活动的深化。我们以往主要把教育活动解释为外部感性物质活动——实践，并没有区分逻辑—理智化活动与情感—体验性活动，实际上它们各自包括两层基本含义：一是指受教主体的外部活动，二是指思维（情感）的内部活动。当代教育更重视思维（情感）的内部活动，认为思维（情感）运动不仅来自活动，而且本身就是活动，认为主体对外部对象世界进行的感性物质活动与思维（情感）的内部操作活动在心理发生过程中保持着一种内化和逻辑延伸关系，或积淀延伸关系。情感教育高层发展阶段的内向化水平体现在：主体内部必须体验价值冲突带来的焦虑、痛苦、忧患等情愫。从根本上说，高级的人类情感体验不是停留在适应的平面上，而是在把握文化价值的序列中实现的。心理学中的精神分析学派在人格形成问题上的贡献在于，揭示了人的情绪中存在活动与目标之间的矛盾冲突，以及人格倾向是内在冲突的"沉积物"。文化哲学在人格形成问题上的贡献在于，揭示了人类历史与伦理之间冲突的永恒性，从而证明人的情感冲突具有永恒性，人格化是在个体用什么方式处置情感冲突的基础上形成的。我们由此受到的启示是：教育如果不进入这一"冲突圈"，就始终是外在的、不触及灵魂的，因而也不会对人格成长真正起作用。学龄前就已存在的矛盾冲突大致可以归纳为三对基本矛盾，即个体意识与社会意识、理想自我与现实自我、教育倡导价值与社会时尚价值之间的矛盾。每一对矛盾在不同的学龄期表现为不同的情感特征。从总体上看，在青少年独立性思维形成以前，矛盾处于外在的对立之中，受教育者以成人社会的外在规范为参照系，对各种意义关系和自身行为进行他律式监控。人的焦虑与痛苦在于：不能理解而必须接受，不能融会而必须认同。严格说来，这一时期的人没有获得选择的自主性，因而也不承担选择后果的责任。等到青少年时期，特别是成年以后，情况就不同了。就个体意识与社会意识而言，人不再满足于对个体行为与社会规范相互关系的简单说明，而是寻求这种关系及社会规范结构的合理性根据，在实现个体对社会认同的同时寻找社会对个体的确认。就理想自我与现实自我而言，个体开始理解理想自我与现实自我之间的现实差别，自觉寻求协调两者的方式或途径，通过社会性自我的约束行为，使理想自我与现实自我之间的张力保持在一种合理限度之内。就教育倡导价值与社会时尚价值的矛盾而言，人不再像天真的儿童那样完全以教育倡导为价值取向，而是必须在教育价值与个人利益、金钱得失、前途命运等之间进行权衡，在不同的利益关系中做出选择。特别是在社会变革、传统文化价值失范的时期，这种选择更加困难，引起心灵更大的震荡。总体来看，这一时期三对矛盾的对立趋于内在化。人有选择的自主性，同时也不得不承担选择的后果。因此，这时更多的可能恰恰是理解的痛苦，是理解而不能接受、融会而不能苟同的焦虑。情感教育在这一阶段需要选取和创造冲突的情境，实际地锻炼人的价值选择能力；需要对经选择而形成的动机给予支持性的强化，特别是当人准备为了教育期望的价值而牺牲原有动机和切身利益时，更要为人提供一个可靠的意义支点。这一过程不仅在于让人对有关课程体系获得体验性理解，更在于让人亲身感受到冲突，感受到选择中既痛苦又自豪的情感，感受到在放弃某些价值时，另外一些替代性、补偿性的情感满足形式的感召性，从而使情感从自在同一状态，经自身分裂状态，进到自为同一状态。

第七章　情感教育的主要模式

20 世纪中期以来，不少国家在新科技革命和新人文主义思潮的挑战下进行教育改革，涌现出一大批教育实验典型，它们力图从不同的角度突破原有教育的局限，探索教育现代化的出路，其共同特征是强调教育的科学价值取向与人文价值取向的统一，强调人的主动性的充分发挥和人格的全面发展。我们选择一批与情感教育宗旨有关的典型，或从一个原型出发，或从一批相似的原型出发，概括、归类出几种教育模式，以探索其间情感教育目标实现的有效机制。

我们之所以把它们称为教育模式，是因为它们是一种教育组织形式，是对某种教育结构、关系、格局的描述。它们体现一定的教育思想，受一定时期里、一定地域文化中的哲学思想的影响，或者自己正在创造有关教育与人的哲学思想。它们具有一定的普遍性、规范性，有些已取得相当范围内的社会认可与影响力，同时，具有一定的可效仿性、可操作性。它们虽然较多地含有经验成分，但对经验已做出程度不同的归纳和上升，因而在教育思想与教育经验之间架设起了桥梁。

第一节　国内主要模式

一、情知教学模式

该模式在理论上的代表人物是冷冉，他通过对教学活动中学生心理过程的分析，提出学习过程的内在运行有两个不同过程：一个是感觉—思想—知识、智慧（包括运用）的过程，另一个是感受—情绪—意志、性格（包括行为）的过程。传统教育理论只看重第一个过程（即认知过程），而忽略了第二个过程（即情绪—性格过程）。虽然传统教育理论也讲兴趣、讲信心，但只是当作认知的辅助手段，而不是当作教学的一个目标。情知教学理论强调情绪、情感、性格过程的意义。第一，情感与性格同知识与智力一样，同属于社会主义教育的目标，在教学过程中应当一样地得到贯彻实现。第二，它与知识基础一样，同是学习的基础，没有一定的情绪，如同没有一定的知识基础一样，任何新的学习都无法进行。第三，情与知的发展，常常是一先一后，互为条件，互相促进，和谐共进的。有时情绪活动在先，引起认知活动的活跃；当认知活动高速进行时，情绪过程又得到相应的加强，储蓄新的能量，并培育较为稳定的性格。反过来，高昂的情绪和坚强的性格，在一定条件下又会把能量回流给认知活动，在认知发生困难或停滞的时候，激发出智慧的火花。和谐的相关，会使识记能力、欣赏能力和陶冶能力同时活跃起来；不和谐的相关，则会使学生感到烦躁，使认知的效果与情感的陶冶两败俱伤。所以，该理论的结论是：把情与知两个客观过程有意识地统一于教学活动中，会收到相得益彰的效果，这是按学习的客观规律进行教学。

体现情知教学理论的教育操作，从幼儿园到中学，全国不少学校都有。例如，广东的一位教师在语文教学中重视"有表情的复述"，即学生拿到一篇课文，经过自学，扫除文字障碍后，通过十几分钟的阅读思考，便能绘声绘色地复述，复述完毕由同学评议，这种教学极大地提高了学生学习语文的兴趣，陶冶了学生的感情，加强了学生对词语和文章的理解能力和记忆能力，特别是语言表达能力。又如，屠美茹教授用自己设计的课题在南京市第三幼儿园跟踪实验，逐步建立了一个以发展儿童创造潜力为中心，把儿童认知与情感紧密结合起来的美术教育课程模式。从课程选择到教学方式，不是教给儿童现成的美术技能，而是给予产生基本技能的条件和因素，鼓励儿童自己去探索；同时，创设充满情感色彩的环境、情境，使儿童调动起与课程情感基调相关的、储存在头脑中的意象，在潜意识中组合，爆发出创作灵感，从而使学习技能的过程转化为创造艺术形式的过程。

二、情境教学模式

在我国，把情境教学作为一种独特教学方法较早提出、实验并在理论上进行探讨的，是特级教师李吉林。

所谓情境教学，是指运用教师的语言与情感、教学的内容以及课堂的气氛，创造一个广阔的心理场，作用于儿童的心理，从而促使他们主动积极地投入学习活动，达到整体和谐发展的目的。具体来说有四个阶段：第一，在阅读教学中，创设情境，把言和形结合起来，进行片段的语言训练；第二，通过"观察情境教作文"，引导儿童观察时在情境中加深体验，展开联想，习作时在再现的情境中构思，在进入的情境中陈述，促使儿童情动而辞发；第三，通过生活显示情境、实物演示情境、音乐渲染情境、图画再现情境、扮演体会情境、语言描绘情境，这六种不同途径创设与教材有关的情境，对儿童进行美感教育，促进儿童从感受美而入境，到热爱美而动情，再到理解美而晓理；第四，在前三个阶段的基础上，运用形式上的新异性、内容上的实践性、方法上的启发性，这情境教学三原则，进一步促进儿童的整体发展。①

情境教学为什么能起情感教育的作用？其机理主要在于针对小学低年级儿童的心理特点，吸取我国古代诗论中意境说的思想（所谓"文之思也，其神远矣"），将真善美的思想幻化或外化为一个儿童容易接受的情境，让儿童身临其境，有直观的形象可以把握，有浓烈的情绪可以感受，有有趣的游戏可以投入；同时，教师带领学生学习和掌握语词的概念、情感表达的语言逻辑方式，使儿童对情感的意义及时认同、吸收。从心理学的角度讲，它是让学生先感受后表达，或者说，边体验感受，边让内部语言积极活动。这一教学形式不仅以情感作为学生学习的内驱力，使小学语文教学的目标高质量地得以完成，而且通过不同情境的设计，有目的、有计划地使同情心、友爱心、责任感、爱国主义等基本情感品质得到开发、操练的机会。

三、认知切入模式

这是一种由认知切入，实现情感教育目标的模式。国内不少教师从各科教学入手，试图把认知目标作为实现情感目标的手段，具体说，就是把情感变化作为认知行为的结果来研究，制定出情感目标的认知内容、情感层次及评价指标。②

语文学科中情感载体是语言信号，作者的主观情感借助这些载体得以客观化。这种客观化以一种同型同构的影响方式得以展现，帮助人对载体所负载的情感含义获得较深的体认与知解，以达到对作者情感表达样式的感知和把握，即同构。首先，情感主要黏附于语义表象

---

① 李吉林：《从整体出发，着眼儿童发展——试论改革小学语文教学的途径》，载《教育研究》，1985(1)。

② 邓嗣明：《情感目标在阅读教学中的确立与运用》，载《教育评论》，1991(5)。

而存在，在语象的呈现上有两种主要形态：一种是直接表现的具象，另一种是间接暗示的喻象。这两者有时各自独立呈现，但更多的是互相渗透，叠映成像。所谓具象，即从概括的词语表象中捕捉到一种具体的情感含义；所谓喻象，是一种暗示模式，即不是直接地、完全地从喻体分析里得到情感的含义，而是通过特殊艺术关系暗示共通的情感。情感除了可以借助语义表象呈现出相应的含义之外，还可以通过语音表现得到传递，具体表现为语调和语势两种形式。语调是作为主体对客体的情感评价而存在的，语调的平静、激越和凝重体现一种深沉的情感价值评价并成为一种情调。语势，则是通过语言的节奏运动构成一种鲜明的语气，它使语言得到强化并造出一种情感势态。除了语言载体外，标点符号也是一种载体（比如，问号的急切，感叹号的奔放，冒号的含蓄，省略号的舒张，等等）。学生在每一次具体的语文学习前已形成冈布里奇所称的"前在经验"或"预成图式"，如中学生初步形成了人生观、一般文化视野、艺术文化修养和情感经验等。在新的语象刺激下，学生大脑中已有的图式会在同化和顺应过程中接受这种刺激而完成与语象力的样式的同构，达到新的平衡。该理论认为，这一同化与顺应的过程也就是教学活动以认知为手段推进内化的过程，实践工作者可以列出情感目标双向细目表，将情感载体的各种形态以及它们的情感含义具体化、规范化，从而使内化层次目标的实现有一个大致的量化标准。

四、爱的系列教育模式

该模式由梅仲荪提出。他从 1983 年起在几所幼儿园、小学和中学分段进行"爱的系列"教育实验，以教育实验为主要原型，同时参考了全国其他地区教育实验的思想与经验，从而提出该模式。

这一实验的宗旨是开展以爱国主义为核心的情感教育的系列研究，并为建立以爱国主义教育为核心的德育体系提供某些实验根据。他认为，爱国主义情感形成于青少年时代，孕育于幼年与童年时期。儿童和少年时期，是接受情感刺激的敏感期，是道德情操形成的关键期，是进行情感教育的最佳期。由此，他们遵循从具体到抽象的发展规律，由近及远，由直觉性的道德体验过渡到想象性的道德体验，再发展到伦理性的道德体验。培养爱国之情在幼儿园阶段具体化为爱幼儿园、爱小伙伴、爱小动物和小玩具；在小学低年级具体化为爱父母、爱教师、爱同学；在小学中、高年级具体化为爱班级、爱学校、爱家乡；在初中，重点放在爱己、爱人、爱国；在高中，重点放在爱中国共产党、爱社会主义、爱共产主义。[①]

该模式的具体操作特征是，通过调查研究，掌握不同年龄的儿童和青少年在爱的情感方面的发展水平，根据他们的心理特点，精心设计系列化的教育活动，对爱的能力进行分步操练。例如，梅仲荪和他的合作者俞梅芳在上海市虹口区崇明路小学一年级学生中开展"爱父母系列教育实验"，先从"知父母"教育起步，开展"夸夸我的爸爸妈妈"的教育活动，让孩子们更多地把目光移向自己的父母，小学生切身感受到自己处于被爱中，从而产生"我也要为父母想一想"的动机，初步有了主动爱的情感要求。在此基础上，开展"让爸爸妈妈笑一笑"的教育活动，让学生爱的情感在行为表现上得到操练，学会用语言、表情、行动来让父母感受快乐，与此同时，学校引导家长及时对子女爱父母的表现做出评价和反应，让子女从父母语言的评价和父母表情的流露中得到欢乐体验，在周围人的赞美中逐步形成比较稳固的心理态势。[②]

在中学开展爱国主义教育，不同的年级应有不同的重点。例如，

---

① 梅仲荪：《爱国之情从小培养——幼、小、中分阶段进行爱国主义教育的实验初探》，载《中国教育学刊》，1991(3)。

② 俞梅芳：《爱在这里萌芽》，载《教育科研通讯》，1991(3)。

七年级，爱集体—爱祖国；八年级，爱青春—爱祖国；九年级，爱劳动—爱祖国；高一，爱人生—爱祖国；高二，爱四化①—爱祖国；高三，爱未来—爱祖国。划分的依据是各年级不同的课程内容以及各年龄学生不同的生活主题和与社会接触的广度与深度。

农村学校在开展这方面教育时，应突出农村儿童的生活方式，例如，江苏省金湖县双坝小学开展"四小帮手"活动，让他们在为父母、为乡亲、为村上做"小帮手"的过程中，体验对父母、对家乡的爱。

这一教育模式是以道德教育的形式出现的，在我国教育中比较普遍。高度重视爱国主义教育，这符合我国教育的基本思想格局。"爱的系列"教育实验强调针对不同年龄设计不同的活动方式，考虑幼、小、中的衔接，将爱国情感的培育作为教育目标，充分反映了我国教育的价值导向。对于年龄较小的学生来说，强调爱的能力的分步操练，让他们在实践过程中获得感受、升华体验，在小学开展以爱的情感为中心的道德教育，在中学进一步联系生活、联系社会开展教育活动，均具有理论上和操作上的推广价值。

五、审美建构模式

该模式以江苏省江阴市实验小学"构建审美教育体系，促进儿童素质全面提高和个性最优发展"的教育实验为主要原型。实验者通过调查研究确认，艺术教育不仅能增强学生的艺术素质，而且能促进学生素质的全面提高。据此设计的实验以艺术教育为核心，构建审美教育体系，按照美的规律改造小学教学，从而达到"立美完人"的目标。

审美建构的教育模式包括课程审美化、各科教学过程审美化、审美创造活动和审美化教育环境四个方面。在课程设置上，适当减少语

---

① 四化：四个现代化，即工业现代化、农业现代化、国防现代化、科学技术现代化。（编者注）

文、数学的教学时间，适当增加体育、艺术和劳动课程的教学时间；适当减少指令性的学习负担，适当增加自由选择的课程与活动。在课程安排上，以运用第二信号系统为优势的课程与以运用第一信号系统为优势的课程交替排列。各科的教学过程均要求充分挖掘教学内容和形式中的审美因素，变学科教学（即仅仅是智能发展的教育），为全面素质和个性发展的教育。例如：在语文教学中增加适于儿童阅读的、意境优美的古诗文，用童话引路开展写作训练，把"写字"教学变为书法教学；在数学教学中通过数、形演算的操作训练使学生感受秩序美、结构美、和谐美、形体美和演算美；在音乐教学中突出对学生情感品质与能力的培养，要求学生在唱歌时运用表情变化或形体动作，表达对乐曲的感受。这一教育模式重视有选择地为学生提供感受美与创造美的各种机会，并在各种审美创造活动中加强实际操作能力的培养。审美化的环境包括物化环境，更讲究人文教育环境，要求师生关系、伙伴关系、教室布置等形成一个健康的情感氛围。

这一教育模式主要运用艺术手段影响儿童情感的发展，强调艺术教育与科学教育的互补作用，认为右脑开发及左、右脑并用有益于儿童的全面发展，不满足于技艺的教育和训练，而是从艺术教育入手，利用各种美的因素以达到立美育人的目的。

六、愉快教育模式

愉快教育的出发点是改变小学生由学业负担带来的心理上的负情绪状态，打破负情绪与学业不良之间的恶性循环。一方面，通过学生在认知方面的成功来促进积极的情感；另一方面，利用积极的情绪、情感来改进学习活动，从而理顺情绪、情感与认知的关系。各实验学校在具体的改革措施上、做法上不尽相同，但基本思路是一致的，主要有以下四点：第一，通过课程调整、评估改革等手段，把学生从学习重负中解放出来，减轻学生的心理压力；第二，改善师生关系，发扬民主精神，尊重和保护学生的个性和尊严；第三，改进课堂教学，激发学习兴趣，促成学习成功，带给学生成功的欢乐；第四，加强课外和户外活动，开展丰富多彩的课外教育，增加学生对自然、社会与人的直接感受。

愉快教育的意义不仅在于认识到人的情绪对智力加工活动有影响，负情绪对认知活动有干扰作用，导致认知水平下降，长期的认知加工障碍会使学生在知识掌握和智力发展上受到损害；更重要的是认识到小学生的负情绪可能造成个性上、品德上及心理上的缺陷。情绪心理学认为，快乐是人类最主要、最普遍的正情绪，是人们获得精神享受的重要来源。无论对个人生活而言，还是对社会群体生活而言，它都是最有价值的情绪。经常处于快乐状态的儿童更善于同他人相处，交更多的朋友，表现出更多的同情心、自信心，也更敢于探索和进取。小学教育是为一生全面打基础的阶段，如果童年欢乐的失去、学业竞争的失败造成对儿童认知学习的畏惧心理，使儿童丧失充分挖掘自身潜力的动机，其危害甚大，可能毁掉儿童一生。

我们把愉快教育当作从现实出发，由解决负情绪入手的情感教育。情感教育不仅要有理想的情感发展目标，而且也要从纠正负情绪入手。

七、情感交往教育模式

交往是人存在与成长的家园，也正是人与他者、自然、社会、国家、自我的交互感通以及技术关联，构建了个体生活与人类社会的复杂意涵。有意识的交往总会由某种或多种情感引起，而交感像是那些具体情感的基膜，弥散其中。福柯指出，交感激发了世上物的运动，并且甚至能使最遥远的物相互接近。交感是运动性原则：它让重物吸引泥土的浓重，让轻物吸引没有质量的以太，它驱使根伸向水……而且，通过一种外在的和可见的运动，使得事物相互吸引，交感还产生了一个隐蔽的和内在的运动——从事物的相互交替中得来的性质的置换……①同时，反感补偿交感，反感保持物处于孤独状态，阻止物被同化；反感把每一种类都包罗进自己的顽固的差异和使存在物继续存在的倾向之中……物的同一性，即事实：物能类似于其他的物并靠近其他的物，而不被吞没或丧失自己的独特性——这就是交感与反感的永久平衡给出的答复。② 因此，交往应是观察与理解人的发展的一个切口，从中体悟交感与反感的纠缠作用，及其如何维持人的同一性与自反性，以及由此构筑复杂而生动的人的过程。

　　教育活动既是知识传播与再生产的过程，也应伴随着教育性的交往的产生、渗透以及创造。教育性的交往在理论和实践上归结为两个主要领域：情感领域和认知领域。③ 我们以情感交往作为情感领域中教育性的交往的理论架构，由此补给知识流动、知识生产以及认知交往的方式理解和构筑教育活动的片面性，也希冀以情感交往的方式重构传统的由外入内、自上而下的教育逻辑，建构一种由内向外生发、内外交互理解，互为主体、互助共创意义，主体在场的教育逻辑。然而，教育逻辑的改观并非易事，根本源自教师（包括教育管理者）的教育意识的改善。因此，教育学立场中的情感交往概念立足于教师的职场生活，关注教师与学生、同侪、家长、家庭以及社会的交往互动，观察、感受并描述主体与环境的情绪情感状态，寻找并解释原因，追问、探寻并创造教育性的价值，并试图将情感交往的过程在教师大脑中不断得到回溯、再现，引起教师的教育敏感性和教育智慧的提升，

---

① ［法］米歇尔·福柯：《词与物：人文科学的考古学》，莫伟民译，25 页，上海，上海三联书店，2016。

② ［法］米歇尔·福柯：《词与物：人文科学的考古学》，莫伟民译，26～27 页，上海，上海三联书店，2016。

③ 朱小蔓：《论德育过程是人的情感交往的过程》，载《上海教育科研》，1994(8)。

帮助教师以一种合人的方式建构良性关系，以情感交往统整知识学习、技能训练与价值观教育，以整全的情感教育意涵培育人。

(一)情感交往教育的意涵

人的发展既是一个经验扩充、知识积累与能力提升的外在可见过程，也是一个价值观习得、改变与统整，进而积淀性格与精神底色的内隐过程。在这个过程中，情感因其弥散性及其之于个体与环境的构筑性而成为足以关联人的外部习得与内在积累积淀的关键力量，也因此是改变并完善交往关系、建设良性的成长环境并产生有意义的学习与成长过程以及涵育健康人格的因素与目标。因此，情感交往教育模式的根本是教师在交往过程中，依托事件、活动、组织、方式、文本等各种可利用的教育资源，通过观察、情感识别与情感表达关照交往双方的情绪情感状态以及环境的情感氛围，通过自我理解的改变、适恰的情感表达予以调适，并不断通过种种教育活动磨砺并调适交往关系、引起他者的积极改变，使个体能持续学习、关系融洽并能产生良性的关系品质，使环境松弛有度而且惬意自在。

因此，情感交往教育是一种建立在交往双方情感关联的基础上致力于引起改变的教育形式。然而，人往往习惯于依循固有的习性与习俗学习与生活，有着不尽相同的学习阅历和知识积累以及各具特色的情感感受—反应模式。试图通过规模化、制度化的教育形式引导每一个具体人有差异地积极改变与成长，实则是在考验着教师的情感交往能力与素养。这首先需要教师敏锐的情感观察与情感识别。在日常交往与课堂教学中，由眼神、表情、肢体动作、语言、节奏、环境氛围、习性、偏好等为表征的个体情绪情感线索和价值观标示器都应被教师积极关照，由此作为识别个体与环境内隐的学习与成长历史、状态、方式以及内涵的"证据"。同时，通过上述情绪情感线索与价值观标示器，教师经由适恰的情感表达的判断与统整，寻找或获取某种建立在交往双方情识感通基础上的教育契机和教育通道，伴随着信息传递、知识学习、劳动训练，达致情绪情感的调适与育人价值的实现。我们希冀这种在交往过程中不断磨砺与建构起的情感教育关系，能在人与环境的"生理—心理层面""社会—文化层面"与"精神—价值层面"不同程度地产生安全感、共通感、崇敬感与自我尊严感等效应，为上述情感交往教育价值的整全达成奠定内在基础。①

（二）情感交往教育的实施

情感交往教育既是对师生整全学习生活的映照，也是在此基础上对整全教育生活的照料，它是一种关联师生大脑与感受系统，持续引导教与学的意识改观的活动。学校管理与课堂教学作为构筑学校教育生活的两股关键力量，情感交往教育可从中交替展开，形成培育全人的情感教育磁场。

学校管理不是一般管理学理念在具体的学校教育场域中的嵌套，更不是非此即彼、纵横关联式的权威命令与威权攀附。学校管理有其根本的发现人、成就人与引导人的教育意义指向，本质是一种基于学校发展传统、人的发展规律与需求的教育价值引领。在学校教育治理的过程中，如果管理者心怀诚意办好教育，用真心和真情关注师生的学习生活条件以及教与学的过程，与师生坦诚相待，尊重并关怀彼此，在复杂情境中积极作为、互相扶持，那么学校的制度、规则与文化传统自然会在日久的交往与磨砺中得以改善，成为不仅是规范秩序，也是引导人自律、自由学习与成长的积极力量，进而推动学校中人与人之间相互尊敬与理解、坦诚与包容、关怀与自律的情感文明日渐形成。学习也就自然地成为由强烈冲动生发出的兴趣与习惯，学习者愿意沉浸其中，乐此不疲；学习的深度愉悦以及情感文明教育引导人走向审

---

① 朱小蔓：《论德育过程是人的情感交往的过程》，载《上海教育科研》，1994(8)。

慎与善良的大格局，每一个有差异的人性能被珍惜，成为学习文化中的可见之光，人们乐意彼此关照与提醒，悦纳不足，帮助成长，进而涵育彼此，惬意栖居。

在课堂教学中，教师有意识地从表情、眼神、动作等行为以及环境氛围中关注每一位学生的学习状态、学习方式、学习反馈以及学习权利的保障，对教学组织、教学方式、教与学的情境有敏感的洞察力，对学习者之间的交往与关系有敏锐的教育自觉，进而从中抽取线索并通过回溯个体特质，判断、识别个体以及群体的真实学习质量，通过适恰、自然的情感表达去调适被发现的学习困境与关系冲突，引导它成为积极的教育力量；在师生、生生交往过程中，教师善用知识针对不同个体的挑战性以及独特的情感支持力量，在课堂中构建知识学习、技能训练、价值观涵育之于每一位学习者，使之建立健全的伦理关系，形成适宜的、各有特色又能满足整体学习目标的学习进阶；师生能够通过课堂学习积累知识并进行知识创新，能从学习过程的情感互助中，反思自我、认识不足、真诚提升并积淀自我的精神素养。

情感交往教育得以有质量地实施，不仅依赖教育管理者和教师在特定的教育场域中敏于观察与思索、改善与积淀，而且也需要教师情感人文素质于岁月中的自觉提炼与增质。在日常生活中，教师主动关注寻常但不敏感的情感现象，有意识地从中感受与分析，学习现象学写作，增进以现象学写作为基础的人文写作训练，同时，"情感—交往"型课堂观察指南的使用以及有针对性的课堂反思与课例写作、探讨，会是教师形塑"情感脑"并在积极、有质量的情感交往中镌刻教育智慧、提升育人品质的有益方式。

八、诗性教育模式

诗性教育是对教育本质的一种读解方式，是对当代教育中的情感缺失所做出的有力补正。

近年来，江苏省苏州市第十中学（以下简称"苏州十中"）的办学实践被喻为"诗性教育"，这是国内第一次将一所学校的整体教育实践概括为"诗性教育"。

苏州十中的诗性教育是师生创造出来的一种生动活泼、富有诗意的教育形态，它满足中学生青春年华对诗性生活的渴求，释放出青春少年创造与审美的生命力量。这所学校的建筑文化与人文文化，古典园林的传统典雅与现代少年的书生意气浑然相映，相信这种诗性文化对于应试模式的教育是一种积极的抗衡力量，也相信诗性教育是"十中人"对教育本质的一种解读方式，是对当代教育中的情感缺失所做出的有力补正。

（一）诗性教育的基础是情感

情绪、情感是人类精神生活中最重要的组成部分，是人类经验中最亲近的体验，也是人类行为中最复杂的感受。情感作为人的一种感性表达形式，在人的生命及成长中具有优先性。它的发育、使用相比理智更早、更强大。生命早期在各种关系中所形成的情感倾向或曰情感反应模式，成为日后道德审美与创造情感及人格的重要基础。

看不到情感的这一优先与基石作用，不恰当地强调理性、逻辑的重要性，会导致人的畸形发展。多元智能理论提出者 H. 加登纳研究发现，当一个人的感性经验没有积累到足够强大的时候，如果过多地运用逻辑认知，他的感受能力会下降。达尔文也曾谈到，他写作《进化论》时最大的损失是，艰苦的脑力劳动使他没有时间听音乐、看小说，完稿后，他感觉自己的道德感和美感下降了。

因此，保全了情感，便保住了珍贵的生命之源。具有情感素养的教师，善于调动学生全部感觉器官进行学习，也能够觉察学生的情感反应，并把这种时刻变成教育契机。相反，如果我们过分强调逻辑、理智，忽略人的情感状态、情感表达，忽略那些有正面价值的情感的生长和积累，教育就不可能培育出功能完整的脑，更不能培育出个性完整的人。苏霍姆林斯基在 20 世纪 60 年代就不断强调，情感的培养并不是局部的、狭隘的任务，而是儿童道德面貌形成过程中的本质任务。情感教育在今天的中国教育中亟待加强。

如何保护和培育儿童正面、积极的情感，锻炼他们应对人生的情感能力？作为情感教育的一种实践形态，诗性教育有自己的回答。

(二)诗性教育在学校教育中的自然显现

苏州十中的教育实践之所以能被称为诗性教育，主要有以下几个理由：

一是学校拥有诗意校园，这是诗性教育的空间表达。

这所学校位于苏州织造署旧址，保持了苏州园林的风貌。校园里有灵石、清泉、古井，亭台楼榭多以校史上的人物命名，如季玉厅、元培楼、太炎楼等，该学校被喻为"最中国的学校"。庭院深深、曲径通幽、美石奇崛，景致有限而境界无穷。诗性教育，就是在这样一个空间里展开的。

二是学校拥有诗意的学校文化，这是诗性教育的文化逻辑。

这所学校的学校文化，承继了学校百年的历史文化。清朝末年，老校长王谢长达以"进德修业、面向社会、发展个性、培养能力"为理念创办该校。后来，校董蔡元培的"以美育代宗教"、校友费孝通的"文化自觉"，也深刻地影响了该校办学理念。根植于时代土壤，学校又锤炼出新的教育理念，比如：追求"质朴大气，真水无香，倾听天籁"的文化精神，追求"本真、唯美、超然"的教育内涵，秉持"以生命为本"的教育生命观，提倡"以校园的每一天成就每一个师生的本色人生"，倡导"不圈养每一位教师""以诗心化育学生"的师生观等。

三是学校拥有诗性课程和审美课堂，这是诗性教育的主要载体和绽放之地。

在学校教育中，课程意味着育人目标的具体实现，意味着基于育人目标的知识及方法选择。课堂是实现育人目标的主阵地。校长柳袁照提出"审美课堂"，就是要教师力求在一种回归自然、返璞归真的状态下教学，学生不知不觉地进入学习状态，进入"化境"去探求知识、发现真理、体验愉悦。

21世纪初，情感已明确成为体现课程完整功能观的"三维目标"（情感、态度、价值观）之一，中小学各门学科都要努力实现对学生情感、态度、价值观的影响。其中，语文、历史、品德、音乐、体育、美术课都富含情感及价值观教育的养料。数学、物理、化学、生物等理科课程及教学其实也并不枯燥，无论是内容还是教学方法都可以做到科学与人文的融合。唐代诗人王维的诗句"大漠孤烟直，长河落日圆"，就是极好的例证，诗句展现的画面很美，并且涉及线条、角度、圆和切线等数学知识。如果学科教师能够用故事、人物、诗歌、画面唤起和充盈孩子的正面情绪、情感、逻辑、理智，便不会抑制他们的感觉能力、感性能力、情感能力。教师本人对学科的兴趣、热爱和执着的情感也会奇妙而深刻地影响学生的情感。

四是学校拥有诗人校长，这是诗性教育的思想灵魂和领跑者。

校长是一个学校的灵魂，在很大程度上决定着一所学校的发展方向和办学品格。柳袁照是位诗人，诗人总有一种诗化世界的冲动，诗人的思维方式是一种诗性思维、诗性智慧。这种思维把生命定格于一个个意象，诗人凭借意象表达情感，寄托理想。校长、教师和学生一起写诗、咏诗、论诗，可以想见那是一种怎样的情感濡染。柳袁照的诗人气质和诗意风格引领着学校文化具有浓厚的审美意趣，产生浸润、涵养学生积极生命的教育功效。

（三）诗性教育与情感教育的关系

教育本真的缺失必然导致人性和精神世界的贫乏。贫乏，可以由诗来丰富。德国哲学家谢林说:"不管是在人类的开端,还是在人类的目的地,诗都是人的女教师。"

诗性教育希望唤起生命的灵性,希望对那种忽略感性、忽略生命真情的教育形成一种抗衡。这与情感教育是一致的。

首先,诗性教育张扬情感的价值。

诗性教育与情感教育一样,张扬情感的价值,以情为本。诗歌王国的建构法则是情感,诗歌尽情挥洒情感,引发、调动人的情致、情愫,给人留下深刻的情感性记忆,那里包孕着优美、高尚情操的种子。

当然,在人的成长中,理性很重要。正是情感与理性的相互支撑和交融,才使幼小的生命成长为有美善情感并富有理智的人,健全、活泼的人。诗性教育和情感教育并不贬低理性反思的作用,只是反对那种刻板的、冷冰冰的理性。德国哲学家诺瓦利斯指出,人们通常称为理性的东西,不过是理性的一个浅薄而且乏味的类别。他呼唤一种醇厚的、火热的理性,而这种理性会出现在诗人身上。

因此,在过分追求逻辑化、程序化、标准化的时期和场所,诗可以作为一种抗争力量,使理性和感性、理智与情感获得平衡,形成人性完整的绿洲。

其次,诗性教育尊重生命及生命体验,以激发学生的生命活力为旨归。

诗总是具象的,充满画面感,具有诗情画意,引人同感、共鸣。诗讲究节奏,诗的节奏与生命的节律有共振和契合。当诗激发人去体验生活时,人的生命一定是在场的。诗活化了人的生命之感,诗涵养了生命之源。青少年时期是做梦的时期,是生命力最旺盛、最自由、最需要释放的时期。这个时期施以的诗性教育,就是生命情感教育,是青春生命的保护神。

再次,诗性教育激发、涵养着人的想象力和创造力。

想象和情感一样，是诗性王国的建构法则之一。诗的表达手法多种多样，诗人大量运用隐喻、拟人、倒装等，使诗充满浪漫的想象。在古希腊语中，"诗人"与"创造"是同根词，现代脑科学和心理学不断证明着想象与创造之间的关系。钱学森曾谈到，他每一次重要的发现都是先有灵感想象的画面，而后才有细密的逻辑论证。他晚年提出的"钱学森之问"实际上是对现行学校教育压抑了学生创造性的尖锐批判。

在青少年最有想象力和创造活力的时期，教育必须为激发、保护他们的想象力和创造力做出努力。诗性教育因其张扬诗的想象与创造，对目前学校教育在培养创造性方面的缺憾，是一种重要补救。而这也是情感教育的旨趣之一。

最后，诗性教育是一种超越功利的审美教育。

诗人是时代最敏感的触角。诗人郑愁予提出，诗人都有群居的性格，诗人的本质是关怀别人，诗应该为柔弱的人群而写。诗人不会在意自己的名声与利益的增长。

诗性之心超脱日常生活的平庸和委琐，摆脱物质和眼前利益的羁绊，使自己处于一种融入了道德要素的审美境界中，呈现出独立不羁的人格状态。因此，诗性教育能成为超越功利的教育、不受利益驱动的审美教育、追求"本真、唯美、超然"的教育。学校教育要还原它原初的使命，即构建好的生活、好的文化，帮助学生建立科学的人生观和价值观，培养他们面对社会、面对生活、面对人生所必要的、超然脱俗的情怀和态度。

柳袁照的《岸边的小舟》一诗中有："走过梦想/走过绝望/走过朝阳与夕阳/我们每个人/都会在自己的世界里/找到丢失的形象"。陶行知告诫人们："千教万教，教人求真；千学万学，学做真人。"诗性教育追求本真的教育，希望成就本色人生，可以看作对现时功利教育、功利社会的抗争。这个时候，需要一点堂吉诃德的精神；即便明知是"与风车作战"，也要勇往直前。

九、情趣教育模式

20 世纪 80 年代初中期以来，如何面对日益严峻的应试倾向、促进学生素质的全面发展，一直是我国基础教育改革和学校实验的重点及难点之一。其间，相继有一批小学重视并发掘情感要素的教育价值，取得了较好效果，形成了各自的办学特色，其被统称为"富有中国文化特色的情感教育模式"。2002 至 2021 年，四川省大邑县北街小学（以下简称"北街小学"）经过三任校长的接力，逐渐孕育、提出并发展起来的情趣教育，可以认为是第八次基础教育课程改革背景下的一种有意义的情感教育探索，是有其时代针对性的。它看到并且承认情感的本体价值，是对忽视情感、忽视感性作用、忽视"人"的教育的审视和批判，希望彰显情感在人的学习生活以及生命成长中的价值；它肯定儿童活泼、率真、多样、自由的天性，反对呆板、僵化、单一化、标准化、过分成人化的做法，希望追求比较真实和自然的教育；在此基础上，它肯定积极、正面的情感经验之于人的生活品质、生命的意义。从关注人的情感品质、关注人内在的心灵成长来认识和理解情趣教育，这对于第八次基础教育课程改革中学校教育的反思及进一步探索具有积极意义。

（一）情趣对人的发展的价值

从教育的角度看，"情趣"包含两个重要方面：一是"情"，具体指性情，它有性向和性状，是一种率性、率真之情，发自人的情绪、情感、秉性与智力性向；二是"趣"，不仅理解为兴趣、乐趣，它还是趣味、口味、兴味、兴致，可以通向鉴赏力、判断力。因此，"情趣"既与人的遗传基因、生命本能中的情感与智力有关，也离不开后天的教化、调理。情趣对人的发展有什么价值？

第一，情趣是生命的情绪现象。情绪作为个体生存适应的工具，是生命最早发育的部分——婴幼儿从种系遗传中获得的先天情绪，通过与成人发生应答反应，逐渐分化、发展。比如：人在 3 个月时出现所谓的社会性微笑，8 个月时出现分离焦虑，1 岁至 1.5 岁时人际联系感增强，2.5 岁左右时有所谓的秩序感，即对整体格局特别敏感而有兴趣等。在情绪心理学中，快乐和兴趣被认为是人最基本的正面情感，它伴随人的感知觉而发展，发育很早。国外曾有一项科学研究，母亲怀孕 3 个月后，父亲每周对胎儿说两次话，17 年后跟踪调查显示出孩子的人际联系感更好，因为 3 个月胎儿的砧骨、镫骨、锤骨等基本长出，早期声音变成生物电会对胎儿有听觉刺激。现代脑科学研究发现，当脑内分泌一种 5-羟色胺的化学介质时，人就会出现感兴趣、愉悦、快乐的兴奋状态，这是一种人皆以为美好的感觉。可见，情趣首先是生命的一种很好的情绪感觉，这种感觉伴随快乐、感兴趣、舒适、惬意等情绪和情感色调。它是人生命成长、精神发育的重要基础，苏霍姆林斯基认为小学儿童，尤其是 10～11 岁以下的儿童特别需要具有舒适、惬意感觉的情绪情感，因为他们的神经系统还很柔弱。

第二，情趣是个体的情感反应倾向。情趣作为一种趣味、旨趣、鉴赏口味，是个人的、主观的，它是人在情感喜好上的偏向，也是人的情感反应和认同的模式，柏拉图称之为"心灵的习惯"，亚里士多德称之为"情感反应模式"，透过情趣可以窥见人的生命意趣、生命状态。人的早期情感反应模式会影响神经元活动的方向性，影响其结构是否良好。脑科学研究发现，3 岁幼儿的神经突触的数量已与成年人的基本相当，但神经突触需要在发育过程中形成具有一定方向性、结构性的神经网络。这个神经网络在学习和接受教育的过程中不断得以调理。由于情感反应模式与神经元及其网络构建之间具有相互支持、相互形塑的作用，人的身体、智力、情感、精神乃至个性发展都有赖于情绪、情感活动的状况。情趣的生长发育关系到儿童的情感与精神品质。从教育的角度看，我们应当十分关心孩子在生命早期听什么声音、看什么图像、做什么事情使得他们发生兴趣，关心孩子与接触的人之间构成怎样的情感应答关系。

第三，情趣也是一种价值性情感。情趣涉及对象与人的关系，它是带有价值判断的，它昭示人的价值选择，显现人的价值观。从这方面说，情趣既属于情感范畴，也属于美学范畴，隐含着对现实审美属性进行情感评价的能力。情趣不仅关涉引发对象的形式，也关涉其具体内容。比如，彰显真善美的人物、事件以及美的画面、激动人心的场景等，容易给孩子留下深刻或温暖的记忆。由于一切文化现象及文艺作品都有美与丑、精细与粗糙、高雅和低俗之分，情趣也有价值属性和不同的价值取向，因此，从教育的立场看情趣，一个人有自己的价值立场、态度和一定的价值追求方向。在小学阶段尤其需要关注儿童的情趣，引发儿童的兴趣很重要，但是用哪些内容让儿童产生兴趣，需要教育者的用心选择和过滤。

总的来说，一个人在早期形成怎样的情感反应模式、认同模式对其长远的价值认同、审美意趣影响至深，它是一个人心灵成长、精神发育的过程。然而，并不是每个孩子在家庭以及周边环境中都能受到美善的教育，学校需要尽力承担起自己的责任。

(二)学校教育要培养不同类型的情趣

情趣多种多样，依循其内容方面的指向性，情趣大致可以分为社会性情趣、认知性情趣和审美性情趣。这三种类型的情趣可以成为学校教育重要的着力点。

第一，社会性情趣的培养。社会性情趣主要是指向伦理、社会生活的情趣。它是儿童道德精神发育的一个重要表征，也是儿童社会化的重要方面。品德教育、理想信念教育和政治启蒙教育等皆与社会性情趣的培养相关。在北街小学，一月一主题的德育活动、关注课堂师生互动的悦纳共享、着力于较为广泛和深入的家校互动与资源共享等教育手段，体现出学校的良苦用心，因为当儿童的抽象思维、概念思维尚未发育成熟时，道德与政治启蒙主要通过影响其情感认同倾向及模式，使其生长出社会性情趣。在中国的文化背景下，这不仅仅是一种技能、方法的问题，而且关涉人的品性，这些品性需要早些从人的情趣中生长出来。

现有品德教育要求保护、培养人同情、善良、谦恭、有爱心的品质，但除此之外，更要培养人在关系中的诚实、信任、责任、正义、奉献等品质。社会性情趣在早期蕴含着人的同情、善良等个人品质，但其发展需要在人与人的关系建构中完成。因此，品德教育既不是持一种"教授"的观念，也不是教师先有道德，而后把道德教给学生，而是将教师和学生双方视为两个生命主体，他们在互动过程中相互确认对方的关心、同情等个人品质，在这种相互确认中，共同建构出道德的关系和道德的品质①。理想信念教育和政治启蒙教育也不是要运用抽象、空洞的说教方式，我们不可能从小就去给孩子讲政治概念，而是要从让孩子憧憬、希望和立志做一个怎样的人开始——做人性良善的人、真善美的人，这就为后来的政治教育奠定了良好基础。因为，儿童那些人之初的本源性的、基础性的情感，以及生命早期的情感倾向和认同对于其价值观和信念的形成犹如良种和沃土，具有优先效应。所以，学校教育首先需要培养孩子从小对真善美的人和事物有兴趣、有感情、有敬仰；关心所在组织的规则、共同承诺和荣誉，愿意担负个人责任；之后，让孩子随着更大范围的社会关切、政治关切、公益心等逐步发育，积累一部分社会生活经验；再之后，让孩子开始认识并学会面对社会生活的复杂性，以抽象概念表达的政治价值随着年龄

———————————

① 通过相互确认来共同建构道德，是内尔·诺丁斯基于女性伦理学的一个重要贡献。

增长逐渐被理解。

第二，认知性情趣的培养。认知性情趣主要是指向认知、智力活动的情趣。在小学阶段，培养认知性情趣很重要的方面是培养对探索的兴趣和解决问题的兴趣，因为它们是有浓厚动机价值的情绪，激励并维系着孩子的智力学习。过去，关于创造心理的研究更多地关注智力形态、思维方式，但现在有一种很重要的关注，即对人格、动机与创造力之间关系的研究。新的研究认为，探索和问题解决这两种动机情绪高昂的人，其记忆力、理解力和选择性的专注力等，全都跟着水涨船高。

科学家把自己的探索动机称为一种美学上的冲动。美是科学活动愉悦的源泉，审美体验使他们精神饱满地、不气馁地、不知疲惫地做新的攀登。儿童的身心特性也带有一种趋美冲动，对美的样式具有敏感性和选择性，如果这种冲动在认知、智力活动中得到满足，儿童就会对这些活动产生兴趣。在这方面，人们常有一种比较偏颇的认识，以为有创造力的人只是那些高智力活动领域里值得敬仰的人。其实，在 20 世纪 70 年代，马斯洛研究人类的潜能时已经指出，创造欲望和创造力是每一个人与生俱来的，它并不是某些领域和行业（如科技发明、文学艺术、理论学术）的特权，也不仅指称各种有创意的成品；它既指特殊才能的创造性，也指那种发自人格本身的、展现于日常生活中的一种倾向、态度，比如不受压抑、比较放松、不怕嘲笑地表达，自然、幽默，不受陈规和前见的束缚，向经验开放，以问题为中心，独具慧眼的洞识等。后一种在马斯洛的理论中被称为自现者的创造力，他认为这种创造力在许多方面与快乐、好奇且有安全感的儿童所具有的创造力十分相似。[1]

---

[1] 林方：《人的潜能和价值——人本主义心理学译文集》，243～254 页，北京，华夏出版社，1987。

第三，审美性情趣的培养。审美性情趣是指向审美活动的情趣。在艺术领域以外，儿童在道德实践、智力活动乃至更广泛的生活内容中所获得的审美情感体验，都可以归为审美性情趣的范畴。所以，审美性情趣的培养并不局限于艺术活动，也不应该与社会性情趣、认知性情趣的培养割裂开来。儿童时期是人一生中对美的形式最为敏感的时期。一方面，儿童置身于其中的所有的教育因素，只要符合美的形式、合乎规律地镶嵌或呈现于活动之中，儿童就易于接受，且容易产生兴趣；另一方面，儿童对美的兴趣常常以本能的方式流露，它容易停留在短暂、肤浅、狭窄、零散的水平上，需要教育的引导和调理。

在审美性情趣的培养方面，北街小学已做得比较深入、精细。不仅仅是体现在校园环境层面的教育设计和美化，该校也有重视科技活动的传统，他们将全员性的科创活动、内容丰富的艺体活动更加明确地作为两个重要的载体，自觉营造"兴味充沛"的校园氛围。在定期举办的科技艺术节上，在日常校园的许多角落，学生可以尽情表达、展示与分享，他们追求和看重的就是让"兴味"显现和持存。现在也有一些中小学校热心地设计和开展或参与一些科创、艺体活动，但有一个倾向是需要警惕和防止的：如果孩子更多的是期望获奖、获得头衔、考试加分等，那么原本希望培养情趣的活动就被扭曲了。审美性情趣本身是非功利性的，科技艺体活动若要维持人的长久兴趣，发展较稳定的情趣，深刻的源泉必定来自非功利性的吸引。朱光潜先生提出"纯正的趣味"，主张人们的艺术趣味要广博，要有多种门类、多种样式，才可能在广博的艺术鉴赏中减少偏见，使趣味纯正。宗白华先生强调审美体验中主体与个体合二为一、物我两忘的自足世界。审美性情趣追求自然与主观生命的互渗融合，所谓天人合一，也正如斯托洛维奇在《审美价值的本质》中所指出的，非生理含义上的趣味概念有时说明人们对某些对象、生活方式和事业不由自主地眷念和爱好。[①] 学校的科学教育和艺术教育不仅关涉审美性情趣的培养，也关涉认知性、社会性情趣的培养，都既有发现和培养科学、艺术人才的需要，更有培育科学精神、审美精神这一更为重要、深刻的目的。

总体而言，无论哪种类型的情趣的培养，表征情趣的手段、形态应是丰富的，比如语言、游戏、阅读、角色扮演、制作、社会实践等。教育者要善于发现儿童情趣的种子，懂得欣赏、呵护和支持；要善于诱发、激发情趣，对于小学生，运用新颖变换的方式，使其获得熟练感、胜任感的感受体验是非常重要的。

(三)情趣教育的挑战与可能

情趣教育不能简单地理解为在教育活动方式与手段上有情趣，重要的是追求情趣勃发、兴味盎然的过程。在不同类型的情趣的培养中，情趣教育有明晰的价值追求，其核心在于如何使具有价值方向的积极情绪情感得以激发、积淀并逐渐稳固为一个人的基本精神状态。在北街小学，它被界定为"以提升师生的生命质量为目的，培养具有兴味充沛的精神状态的老师和学生的教育过程"，并努力"走进师生教育教学生活的全过程"，形成较为清晰的实践路径——"情趣管理""情思课堂""情趣活动""情趣漂流"等。为此，情趣教育必须连接儿童的生活，高度重视儿童现有的、完整的生活经验，同时又要提升儿童的精神高度，不能让渡对儿童精神发育的责任。

情趣教育在当前中国的学校教育中，面临诸多挑战。首先，学校作为社会的一个单位，教育者作为社会生活中的一员，是深陷于时代的精神景况和社会生活背景之中的。从社会层面看，伴随着中国社会

---

① ［苏联］列·斯托洛维奇：《审美价值的本质》，凌继尧译，146 页，北京，中国社会科学出版社，1984。

转型所带来的发展悖论和现实矛盾，市场的金钱逻辑影响着人们对生活的认识，消费时代的物质生活遮蔽着精神追求；社会文化与价值观趋向多样，价值相对主义、价值实用主义、价值虚无主义等影响着人们的精神样貌；网络时代与新媒体模糊了成人与儿童的界限，冲击着儿童的精神生活；等等。这些都对学校教育发挥文化价值的选择、过滤功能，并在一定精神高度上实现教育引领，增大了难度。其次，从教育内部看，学校很难摆脱升学率的束缚，教育评价的表面化、单一化在短期内难以取得大范围的改变，由此所致的对显性的、逻辑性的、表面性的知识学习和应用训练的习惯性推崇当然也就很难消除。实行情趣教育，强调保护儿童活泼、多样和自由的天性，探索践行的是由内而外地牵引儿童的心灵成长、丰富儿童的精神世界的教育路径，这与上述教育弊端有明显抵牾，需要勇气和来自正义力量的支持。最后，现有教师教育在情感人文素质方面存在缺失。目前，师范教育的基础课程对儿童情感教育方面的知识、技能关涉不足，对教师的情感品质、情感能力、敏感性等方面的关注和培养不力，职后师资培训也普遍缺乏相关的内容和方法支撑，培训者队伍在观念、知识基础和方式方法上参差不齐。

尽管如此，在学校开展情趣教育仍然有一定的自主空间与可能。北街小学经过十年的探索，将情趣教育从一所小学逐渐引入当地几所小学，最终结成教育联盟学校的情况，带给我们多方面的启示。若想开展情趣教育，学校应具有以下几要素。

第一，基于尊重、关怀的人文氛围。在北街小学，情趣教育从孕育、提出到逐步发展、日益成熟，前后经历了三任校长，如果没有这三位校长以学生发展为重、以教育理念为重的人格品质，以及在教育信念上的相互信任、相互欣赏，情趣教育是不可能如此接力棒式地渐趋成熟的。学校逐渐摸索出一种既有一定的规范化要求，又从根本上基于师生情感与精神成长需要的管理方式，校长、教师、学生间的无障碍沟通、交流与积极分享成为学校管理最重要的观测指标。在这种基于尊重、关怀的人文氛围下，立足于"人"的教育才成为可能：儿童情趣发育的生命时序与多样性差异才可能被承认、被尊重，学生个体的情趣秉性等才可能得以发现和培育；教师个体的专业潜质、潜能才可能被激发，教师由内而发的教育热情、真诚和关爱才可能感染学生的生命状态、触动学生的心灵。

第二，自主参与的学校活动。北街小学的情趣教育最初萌芽于学校为实践素质教育而开展的科创、艺术活动，这在目前的学校教育中是有广泛基础的。活动是教育的重要载体，北街小学可贵之处在于这些活动没有停留于表面和形式化，没有为活动而活动。他们看重学生有多大的自由度、可选择性，活动中学生的自主性能否得到锻炼。从这方面看，北街小学在情趣教育的探索中形成的"三全一自主"的科创活动模式是值得肯定的，通过全员参观、全员考察、全员制作、自主选择活动课程，每个学生都可以获得尽可能开阔的探索视野、尽可能多的兴趣吸引以及尽可能自由、多样的体验和尝试。

第三，课程与课堂的改造。这是情趣教育最终得以落实的重要方面。北街小学使课程与课堂的根本追求回到了"人"本身，而不是停留于书本、知识、分数的表面，"教师教得轻松、学生学得快乐，师生都在课堂上获得愉悦和幸福"被明确为课堂教学目标。"情"与"思"成为课堂的两个核心要素，情趣教育的课堂更为关注"教室的空白处流淌着什么"，并探索形成了具有一定操作性的"创境自学引思入情""互动交流深思激情""拓展测评融思表情"的课堂流程，作为学校课堂教学的方向性指导。其中，"创境自学引思入情"重点关注学生自然生发的情绪情感体验、本性表达的兴趣和情感倾向，"互动交流深思激情"重点关注是否形成具有情感交往关系的情感场，"拓展测评融思表情"则重点关注学生是否有情感经验的生成、积累等。在评价和反思方面，学校以此总结了情趣课堂的"合格""优质""魅力"三重境界：一方面承认、尊重课堂教学的不同样态以及不同教师的不同发展水平、不同教学风格，另一方面又为可能的课堂改造搭建阶梯。

第四，用心、细腻的文化设计。情趣教育有一个很重要的路径就是要以情涵趣、以情载趣、移情化性，充分发挥潜在的、缄默的、具有弥散效应的文化元素的教育功能。无论是校园的陈设布置，还是活动的开发设计、资源的选择与利用等，都不应是随意的，而需要非常清醒的文化自觉、教育自觉。学校的文化设计不在于吸引眼球、追赶时髦，在北街小学，它显得很沉静、很朴素，又很细致，蕴含丰富的教育韵味。这需要用心灵去触碰心灵，着力于师生都可以在文化元素中获得个体化的意义连接。在北街小学的一所联盟校，"书香漂流"的活动把阅读的教育意义极大地挖掘出来，它不仅是现在所倡导的整本书阅读，还有全班共同阅读；此外，学生还可以有空间享受自由阅读。在如此设计中，儿童与书的对话、儿童与自我的对话、儿童之间的对话、儿童与成人的对话等，都可能在更广泛的时空里交互，学生的情感体验、生命经验可能得以更广泛的表达、分享和交流。在这些经验探索中，可以看到，学校教育只要立足于"人"的成长和发展，其文化设计方面的用心和细腻是全然可为、永无止境的。

第二节　国外主要模式

一、美国的非指导性教学模式

非指导性教学模式的代表人物是美国著名的心理学家和教育改革家罗杰斯。他信仰存在主义哲学，崇尚现象学的哲学研究方法，从人本主义的立场出发对传统的教学观念、教学模式提出挑战。他指出，在传统教学中，教师是知识的拥有者，学生是容器，考试和讲课是教学的两个核心要求；教师拥有权利，学生是服从者；教师和学生互不信任，学生处于恐惧状态，并随年级递增；民主遭到践踏，学生无权选择课程，教师无权选择领导，因而言行不一；好奇心受限制，甚至受窒息，其程度亦随年级递增。因此，他提出了彻底改造的而不是修修补补的教学思想及模式。

非指导性教学模式主要基于以下三点教育思想：

第一，对人性持乐观的态度。该模式认为，"人性最内在的核心，人的个性最深几层，人的'动物性'的基础，在本质上是积极的——基本上是社会化的、向前运动的、合理的和现实的"，"人的本性，当它自由运行时，是建设性的和值得信赖的"，"在每一个有机体中，在任何程度上，都有一股向着建设性地实现它的内在可能性的潜流"，"一个人是一条流程，而不是固定的静态的实体；是一条流动的变化之河，而不是一团固体材料；是不断变化着的一组巨大的潜能，而不是一群固定的特征"。① 所以，不断地实现、不断地变化、不断地提高，是罗杰斯对教育过程的理解。

第二，对个人经验特别重视。罗杰斯认为，"告知学生应如何"很少有效，重要的是要自己体验到"我们不能直接去教其他人，我们只能促进他的学习"，"一个人只能有效地学习那些他感到与自我结构的维系和提高息息相关的事情"。所以，最有效地促进意义学习的教育情境是这样的：在期间，对学习者自我的威胁减至最低限度，并且对经验范围的不同知觉得到促进。

第三，人的心理过程是一个有机的整体，其中的情感活动左右着

---

① 方展画：《罗杰斯"非指导性教学"述评》，载《华东师范大学学报（教育科学版）》，1987(1)。

精神世界的全部。罗杰斯认为，情感活动是心理整体机能的基础和动力，愉快活泼、充满理解和信任的气氛能导致学生思维能力的改观。

非指导性教学模式的策略与具体做法主要有以下几点。

第一，要先由教师建立起一种接受的气氛。具体来说，是指教师真诚地对待学生、信任学生，能接受学生在学习过程中表现出来的各种情感，并对这些情感做移情理解。

第二，组织学生鉴别和追求他们的学习目标。教师并不强加学习目标，而是提供一些可供小组成员利用的"资源"，诸如书籍、录音、讨论、有关人士等，以参与促进小组诸目标的发展。如果学生希望教师讲授，教师也可以进行讲授。

第三，学生主动探索自己所爱的事物，就自己的学习方向做出选择，并对这种选择所产生的结果负责。学习者将训练看成自己的责任，学习水平及意义的评价主要由学习者本人做出。由于学习方向是自我选择的，学习活动是自发的，具有感情、激情和理智的完整的人会全身心地投入这种学习过程中。

在人类漫长的教育实践中，认知因素一直是人们关注的焦点，情感或被熟视无睹，或被轻描淡写。罗杰斯认为，当代教育首先必须完善个性，使个性成为主动人格；应该突出情感在教学中的地位和作用，将情感作为教学活动的基本动力。为此，他从构建教学活动中新的师生关系、人际关系着手，以人际关系中三大要素（真诚、接受、理解）的实现为教学的充分必要条件，这是对以"教师为中心"的传统教学的巨大冲击。由于必要的认知学习不是在压抑、被动的情感状态下，而是在主动、解放、自由的情感状态下进行的，所以我们把它看作情感积极运动的过程，这一过程的独特意义在于，不会因认知学习而牺牲学生健康、压抑积极的情感，相反，积极情感作为动力能够推动认知学习。但是，非指导性教学模式远不足以承担自觉情感教育的任务。

学生的情感并不仅仅在教学过程中形成，它还有赖于更广阔的空间和更长久的时间，就教学过程来说，它不只受人际关系的制约，还受认知水平的制约，受价值观念的制约。非指导性教学在提倡师生平等、民主关系方面迈出了积极的步伐，但对学生的情感给予价值导向，以体现教育的目的性和自觉性方面明显不足。

二、苏联的和谐教育模式

苏联当代教育家苏霍姆林斯基是和谐教育的代表。

和谐教育，即一方面把人认识世界的职能（学习—认识活动）与改造世界的职能（实践活动）和谐地结合起来，另一方面把人的天资、才能、创造性、积极性与多方面的表现（学习方面的表现、劳动方面的表现、道德方面的表现、审美方面的表现、体育方面的表现等）和谐地结合起来。它主张让每个学生在其天赋所在的领域里优先地、充分地表现自己，产生自尊心、自信心和自豪感，从而推动其全面、和谐地发展。

"和谐教育观"的意义在于：它批判了把学习表现作为压倒一切的唯一表现，把分数作为衡量人的价值的唯一尺度这种流行的观点和实践。它有利于发挥每个人的天赋和特长，从而确立起每个人的尊严感，并以此为突破口，去推动个性的全面发展。

苏霍姆林斯基把全面发展的个性的培养过程，看作一个由外部教育环境、校内教育结构、师生集体人际关系构成的统一整体。对于外部教育环境，主要是利用其中适合人的因素，如大自然的教育作用、家庭教育中社会—人的情感的正常孕育等。校内教育结构使每个学生都能找到展示、表现、确立他的力量和才能的场所。师生集体人际关系，主要是建立丰富、细腻的情感氛围，在尊重学生人格的基础上提要求，通过扶持优点来压倒缺点。他认为，在与人为善的乐观气氛中，每个孩子都将最大限度地表现和显露自己的天资。在这种氛围中克服困难，具有完全不同的心理意义：可以使孩子体验到战胜困难时产生的满足感和心理适应感，也就是说，给予他认识的快乐、道德完善的快乐和成长的快乐。在教育者—受教育者—师生集体这一统一的教育整体中，他立足于启动学生的情感、道德、智力等方面的自尊心和自豪感，靠这股力量推动学生进行自我教育，从而把校内与校外、教师与集体的教育作用转化为自我教育的内部机制。

苏霍姆林斯基的和谐教育模式通过启动自尊心、自豪感来开展情感教育，在今天仍具有强烈的时代意义。

三、英国的体谅模式①

体谅模式是一种以培养道德情感为主的道德教育方式，20 世纪 60 年代末在英国学校的道德教育课程中出现，其代表人物是彼得·麦克费尔（Peter McPhair），主要标志是麦克费尔和其同事所著的"生命线"丛书及其教育实践。

体谅模式的基本思想是多关心、少评价，认为道德教育不应降低到仅仅分析规则和禁令上，相反应集中在研究一个人自身或与他人有关联的一般作风上。道德教育的宗旨是使个人摆脱"那些破坏性的和自我损害的冲动"，"这种冲动可能以不良的个性品质表现出来，诸如自我中心、自我陶醉、自私、粗暴以及随不幸的和不健康的社会因素而产生的其他不良品质"。麦克费尔认为，道德靠理解和领会，而不靠灌输和传授。他反对道德教育中过于理性的方法，认为富有成效的教育就是学会关心，因为它在行为上体现了体贴的生活方式，这样会促进学生接受它，道德与其说是平衡矛盾的需要，不如说是实现个体与他人达到自然和谐的需要，体谅模式的目的在于向学生表明，关心的方

---

① ［美］理查德·哈什等：《道德教育模式》，傅维利等译，55 页，北京，学术期刊出版社，1989。

式是愉快的方式。

"生命线"课程包括一系列的、多方面的教育成果，这些教育成果已在英国两万多名学生中进行了课堂实验。这个教程中的大部分是根据 1967—1971 年对青少年学生的需要所做的深入研究而写出来的，研究者向 13～18 岁的 800 多名英国学生提出了"带有批评性的小事件"的问题，或是采取问卷形式，或是采取谈话形式，要求他们各举一个成年人对待他们好与坏的情况实例。调查显示，学生对于"好"的事件有共同观点。他们认为，好的、积极的事件反映了体谅、幽默、宽容的品质，共同分享、共同分担的关系是好的，统治的、支配的关系是坏的，研究证明人类的基本需要是与他人友好相处、爱或被爱。满足人们的这种需要是教育的首要职责。总的来说，学生们感到学校过分强调积累和运用知识，而不太注意帮助他们解决个性方面和社会关系方面的问题。

"生命线"课程分为三部分，这三个部分循序渐进地为学生绘出复杂的社会情境，每一部分均包含许多单元。第一部分是"设身处地为别人着想"，有三个单元：敏感性、后果和观点。在这一部分中，情境是围绕着发生在家庭、学校及邻里中的普通的人与人之间的问题而设计的。第二部分是"证明规则"，有五个单元：规则与个性、你期望什么、你认为我是谁、为了谁的利益、为什么我应该做。它们涉及比较简单的有关个人的压力和冲突的实例，以及比较复杂的群体利益的冲突和权威的问题。第三部分，从"你做了什么?"开始，学生遇到了以实际历史事件作为基础的激动人心的道德困境。在这一部分中有六本小册子，它们分别是"生日""单独的监禁""逮捕""街景""悲剧"和"医院的微风"，这些素材的设计意图是让学生形成超越现实的道德观念，促进学生形成更深刻、更广泛的判断结构。如何具体使用这些教材，麦克费尔提出过一些得到成功使用的教学程序。这些材料可以小组使用，也可以单人使用。它也适用于短文写作及社会剧编排等多种形式的创造活动。

体谅模式的思想来源是当代的人本主义思潮。麦克费尔明确表示自己是人本主义教育者。这一教育模式产生于大规模的调查,因而教育内容与方法的设计满足了青少年的需要。麦克费尔对道德教育不同于一般知识性教育的特点有比较合理的看法,如"道德教育不是靠规则和禁令""应让个体从恐惧和怀疑的束缚中解放出来"。其教材设计生动灵活,循序渐进,提供的社会情境真实、自然,并且根据学生年龄和学龄特点,在开始阶段把重点放在角色扮演、社会戏剧、创造性写作等方法上,以增加学生人际交往的意识。美国道德教育学家理查德·哈什在《道德教育模式》一书中,将其评价为"在美国最具影响的六种道德教育模式之一"。

这一教育模式将学会体谅作为道德情感的重要方面,这是可以的,但是,将体谅他人后的快乐作为道德行为中最重要的动机,显然根据不足,整个模式中的理论论证不足,零乱而不连贯。一方面,教师可能对课程总的侧重点和方向把握不住;另一方面,对于道德教育所要达到的道德情感的培养来说,这只能是很初步和浅显的。另外,"生命线"课程给出的情境画面及其告知学生的判断方法,仍然没有摆脱西方道德教育的理智主义框架。

四、英国的夏山快乐教育模式[①]

英国的夏山学校创办于 1924 年,创办人尼尔(A. S. Neill)是 20 世纪最伟大的教育家之一。他的办学基本思想是:尊重生命,尊重个体。他认为,很多学校只专注认知的学习,实际上情绪对人的影响远比智力大,没有比来自内心的情感更为重要的了。因此,夏山学校强调:"教育的目的是适应儿童,而不是让儿童来适应学校。"快乐是生活的目

---

① 参见[英]尼尔:《夏山学校》,王克难译,香港,香港远流出版公司,1985。

的。判断成功的标准是"工作愉快与生活积极"。因此，学校应该让儿童学习如何生活，而不只是传播知识，这样，他们才能过愉快、幸福而有意义的生活。

夏山学校的校训是：快乐、诚恳、均衡与合群。它的教育原理强调自由、民主与爱。教育目标是适应个别儿童的需要，以培养其自动学习的能力。儿童的学习以个人的经验为基础，采取弹性课表与混合编组的学级组织，除了知识的学习外，强调情意学习，学生有机会决定自己的学习课程，负起安排与完成自己学习的责任。学习的空间不限于传统的教室。学生只上半天课，下午大都自由活动，周一到周五晚间常举行电影欣赏、讲演、晚会、话剧等活动，周六晚上全校召开学生自治会。教职员可以自行从事实验工作，有权选择课程与教材，但他们的工作是全日制的，被称为"永无止续"的生活体验。他们的膳食由校方供给。学校以儿童"全人"的统整发展为教育评估的基本指导思想，注重学习过程的评鉴，强调自我的比较，从逸事记录、工作成品、个别计划、教学实录及作业箱等多种方面来评估儿童的学习，这比标准化的测验要来得客观和准确。

夏山学校的校长尼尔 1960 年出版的《夏山学校养育子女的方法》一书，曾在美国掀起"夏山热潮"。此后 10 年间，美国有 600 所大学、学院的教育课程，将该书列为必读书籍。许多国家将本书转译为本国语言，其影响可见一斑。

该模式的创办人尼尔根据心理分析学派所提供的观念实验办学，他的教育思想集合了弗洛伊德、莱克、蓝恩、宾克莱、卢梭、福禄贝尔、蒙台梭利、杜威以及皮亚杰等人思想的精华，其思想体系属于当代人本主义教育流派。有不少教育家预言，这一模式代表着 21 世纪人类的教育精神。

的确，尼尔的教育思想是很明确而连贯的。他认为生命的意义在追求幸福，在寻找兴趣。教育是人生的预备工作，所以不能把教育只看作考试、班级和学问。现在的学校尽管教了很多知识，但不能使一个家庭有更多的爱，也不能使孩子们没有被压抑感。他深信只有在自由的环境中生长，受到爱的孩子才会懂得爱，教育只有培养会爱的人才能改造社会。夏山学校的一切具体的教育操作都是在实践这一基本教育思想。

在我们看来，夏山学校的具体做法未必全部经得起社会实践和时间的检验，如完全由学生自己选择课程的做法，令低年级学生的学业活动缺乏监督和指导，基本的知识技能得不到扎实掌握，高年级学生也由于缺乏引导和刺激，用功不够，难在学业上有所成功。但是，尼尔在办学时试图发展学生的情意和性格，让他们工作得愉快、生活得积极，这一教育愿望显然是实现了。美国教育家柏登斯专程赴英国对夏山学校的校友做追踪研究，证实这些毕业生确实过着旷达且幸福的生活。

五、交往模式①

交往模式指美国学校教育中倡导的所谓教育性的交往，其基本原理于 20 世纪初由 J. 奇尤依奠定。理论产生的初期，主要强调教师的交往技能是一种教育素养，教师在指导学生学习时必须持和蔼可亲的、富于同情的态度。至 20 世纪 60 年代，关于教育性的交往的研究范围扩展到一般学生。师生间的交往称为垂直交往，学生间的交往称为水平交往。交往的理论研究由侧重研究交往的认知系统，发展到侧重研究交往的情感系统。他们批判传统的课堂教学的局限性——忽视水平交往和同伴关系的巨大功能，在此基础上形成全新的教学策略——合

① 吴盘生：《交往——当代美国学校教育中的关键性课题》，载《外国中小学教育》，1991(6)。

作学习，并提出了培训合作性交往技能的具体操作步骤，建构了以借助教学促进水平交往为特征的课堂教学新模式。这一模式以下列四种结构的改造为依托——组织结构（异质、对等）、任务结构（合作性）、奖励结构（面向小组群体）和权威结构（学生自我控制为主），并演化为六种具体的可操作的合作性交往学习方式：分层游戏法、分层推进法、接力交错法、修正型切块拼切法、小组帮助个人法、小组发现法。

这一交往模式还包括在教育实践中引进交往课，以此来具体培养中小学生在口头交往方面的主要技巧和训练教师的用语与有关交往模式相匹配。

这一模式不仅运用于中小学，而且运用于高等学校。大学开设关于交往技巧的专业课时，对教师的语言会有具体的规定。

此外，美国教育家罗思·哈伯德教学法体系也很重视对学生进行交往教育，实验他的思想的美国黛尔芬学校依据其交往 A—B—C 三角理论开设交往练习课程。第一个角是亲情度，指人与人的感情，即喜欢的程度；第二个角是现实，即基本认同；第三个角是交往。三个角互相依存，而交往是开始，有交往才产生亲情度和现实。三个角加在一起等于理解。

六、情感课程模式①

该模式主要取自 20 世纪 70 年代初以来，在美国不少学校实行的情育课程方案，同时，参考了我国台湾地区 20 世纪 80 年代以来在中小学进行的情育课程实验。它强调，情感教育能促进学生个体各方面的最大发展，不论在心理、社会、智能上，还是在问题行为的预防与矫治上，都扮演着相当重要的角色。因此，仅仅一般地将其渗透在其他课程的教学中是不够的，必须专门设计一套行之有效的课程体系。

---

① 参见陈照雄：《当代美国人文主义教育思想》，台北，五南图书出版有限公司，1990。

它把情感教育分为广义的和狭义的。广义的情感教育几乎与心理教育相重合，包括：广泛性"心理技巧"的训练——人际沟通技巧、价值澄清，情绪教育，职业教育。狭义的情感教育主要以情绪—感觉教育为主，包括：了解并接受自己，了解自己与他人的关系，感觉与情绪。该教育模式主要利用人际互动，进行人际感受能力的训练，直接促进学生的成熟。

美国各地区的学校对情育的具体目标设计和课程设计不尽相同。例如：俄亥俄州公立学校的计划在于加强学生对彼此的认识，使学生增进自己和他人的关系；马萨诸塞州的大学设立"人性教育"，强调学生在学习过程中的感觉与态度；宾夕法尼亚州的费城大学的课程设计特点是，强调帮助学生建立积极的自我观念，有意义地与他人建立关系，以及使学生有力量解决自己的问题；纽约州的学校的情育课程设计得比较详尽，其课程目标设计如下。[①]

使个人能倾听他人的观念情感。

使个人能了解自己的内在情感。

使个人能正确了解他人。

使个人了解自己。

个人能表现自己的内在情感。

使个人更富创造性、自觉性。

个人能反应他人的情感。

使个人能与他人相处，建立良好的人际关系。

个人能按照自己的价值而行动。

协助个人了解自己将来要成为什么样的人。

协助个人了解问题，做出决定，获取如何解决问题的方法。

---

① 鱼霞：《情感教育》，116页，北京，教育科学出版社，1999。

协助个人建立其人生哲学。

协助个人对其前途问题做出价值判断。

其课程包括核心课程及实际活动两类。前者包括：个人及人类的发展，儿童前期、青少年期及成年期的发展，心理学理论，青少年发展中不同文化之差异，智力及人格测验，心理个案分析，少年犯罪，个案研究，文学，影片观赏。后者包括：影片制作，教学，志愿到社区、医院或心理医院去工作，戏剧的即席而作与沟通，学生所发动的行动计划（如建立一个青少年之家），团体程序，咨商。核心课程主要侧重学生认识能力的发展，实际活动则较重视情感的陶冶，最终目的是促进情感发展，增强个人适应社会的能力。

以上情育课程，一般都是边实施，边做效果评估。仅 20 世纪 70 年代到 80 年代，美国就有几百篇评价性研究。

情育课程的设计，特别强调教师的在职训练，一般分三个阶段进行。第一阶段侧重自觉、责任之训练，即教导教师如何扮演协助者的角色，而非权威的角色，且增进对自我、他人情感的了解。第二阶段由教师按照课程方案做实际教学演示。第三阶段侧重教学技巧的实习，如在教学过程中注意完整个人的、人际关系的一般知识，以及注重学生所关切的事物。

七、围圈活动教育模式

围圈活动（Circle Time）是一种让教师和学生围成圆圈进行教学的模式，其做法源于 20 世纪 70 年代美国一些人本主义学者。近年来，围圈活动作为个人—社会课的一种教学策略日益流行于北美、欧洲的小学。由于该方法能够创设一种充满关怀的学校氛围，通过相互示范进行教育，倡导民主价值观与亲社会行为，促进学生精神、道德、社会和文化的发展，促进学生的个人与社会性发展，促进公民素质和语言能力的发展，所以，除了小学，该方法还可以应用于学前、初中或者成年人的教育之中。

（一）操作程序与基本规则

围圈活动虽然还没有公认的定义，但是该模式的结构一般是：以游戏开场，通过一种身体活动，学生与群体成员共同活动，学会和谐相处。然后进行开放式讨论，通常由一些轻松的句子开始，如"当我返回教室的时候，我感到……""我最喜欢吃……"然后逐步过渡到一些严肃的问题，对于课堂里出现的问题，请学生自己想出解决办法。通过圈内的轮序发言，学生学会表达和倾听，对于出现的不同论题以开放的态度进行讨论，创设一种相互支持的课堂文化。最后有一个结束仪式，学生为能够合作学习而欢庆，享受一场小游戏。

围圈活动具有特定的规则要求，比如，每次只能让一个人讲话，其他人必须目视和倾听说话者。每个人都参与其中并且能够得到表现的机会。每个人都有权利表达自己个人的观点和看法，别人必须倾听，倾听者不允许对说话者表达任何消极的反应。每个人都有权利享受其中的快乐，任何人都不准败坏别人的兴致。就像我们中国的"击鼓传花"游戏一样，可以在圈内传递某个物件，传到谁的手里，谁就有资格说话，当然，他也可以选择不说话，教师应该给予他思考的时间。当然，到了活动的最后，教师可以问那些选择"不说话"的人是否愿意表达自己的观点。这些规则可以对不爱说话的退缩型学生起到鼓励作用，因为，活动给了他们尊重与关心，学生在其他场合不会说的话，到了围圈中也许会说出来。对那些敢于说话的学生来说，他们也在行为训练中懂得如何合作。

（二）功能机制与结构特征

不同的讨论主题可以达到不同的教育目的。该模式能够创设一种充满情感关怀的学习氛围，使孩子说话有安全感。让学生感觉到"共处这个团体"，能提高学生的平等感、尊重感、归属感、信任感、责任感和集体感，这有利于学生的社会性发展和身心健康，有利于学生形成社会归属感和纪律意识。尤其对于那些经常出事，到处有冲突、有麻烦的班级，围圈活动可以教会学生使用语言沟通而非以拳头交流。发展自尊是围圈活动的主要目标。自尊者能够积极调整自我，提高幸福感和社会责任感，可以养成积极的人际态度，为形成良好素质打下坚实的基础。自尊自信的发展也可以帮助学生提高学业成绩。如果全校使用围圈活动开展教学，有利于极大地改进学校的文化，形成安静的学校文化，围圈活动对学校的影响是慢慢渗透的，高年级的学生能够更加安静、耐心地等待，直到轮到自己发言。

围圈活动的"圈"特别重要，不能围成方形，要围成圆形，让各位学生离圆心一样近，并且能够看见其余所有人，发生视觉接触，知道其他学生也看得见自己。圆圈也有利于听觉接触。圆圈是一种"宇宙符号"，能够促进视觉接触，有利于真诚辩论。

围圈活动需要有适合的空间，围圈活动参与人数一般以 20 人为最佳。超过 30 个学生的活动在一般教室中进行是不妥当的。

(三)教师的操作智慧

教师可以与学生一起加入圈内，分享观点和情感。当然，也有人认为，教师应该在旁边帮助，而不是在圈内主导。不管如何，教师的心理状态以及愿意出力的心态至关重要。围圈活动需要教师的个人投入。师生关系的好坏、学生的安全感状况、学生对圈的信任都是很重要的因素。教师要关心弱势学生，对那些不爱说话的学生，要使他们开口说话，他们常常能够说出些让人惊异的东西。当然，如果学生特别爱说话，也是个麻烦，教师也得有办法制止。

第一，教师在开展围圈活动时要做好规划。看看空间是否足够，把窗帘拉上使学生有私密感。通常在教室里进行围圈活动的时候，门上要贴上告示，以免被人随意闯入和打扰。第二，教师在开展围圈活动时要设计围圈的坐式。参与者是坐在地板上，还是坐在椅子上，这需要看情况。年龄大的学生喜欢坐椅子，老教师不便坐地板，活动频繁的教学最好坐椅子等。第三，教师在开展围圈活动时要处理好入圈与出圈的关系。当教师入圈与学生平起平坐的时候，教学气氛就会立马发生变化；有时候也需要教师坐在椅子上观察地板上的学生是如何开展活动的。第四，教师在开展围圈活动时要选择轮流方式。有时候传递物品(类似于我国的"击鼓传花"游戏)，有时候举手，有时候依据自然顺序。第五，教师在开展围圈活动时要考虑时机和时间量。围圈教学可以预先排在课表上，也可以随机进行。课表排定的话，往往安排在周五下午，在一周结束之前。随机围圈的话，是什么时候有需要，就什么时候进行。有时候学生提出来要做围圈活动，教师也可以根据情况与他们商议，可推迟到周末。围圈活动最多每周开展一次，频繁使用容易丧失独特性。年龄小的学生每次活动 20 分钟，年龄大的学生每次活动 40 分钟。

围圈活动是在教室内进行的，要针对具体个人，所以，需要拿捏好公开性与私密性、合适与不合适的关系。这考验着教师的判断力和职业评判水平。对于什么是可接受的，什么是不可接受的，标准大可不同，但是，何时应该立即介入，何时应该采取进一步措施，其原则是明确的：教师要把讨论时可能造成的感情伤害和消极的学习经验减到最小。围圈活动及其环境氛围的最本质特点是能帮助养成情感归属感，所以，这种教学形式能够让学生讨论在其他场合中难以讨论的敏感问题。如果教师缺乏敏感意识，他在迫使学生谈论敏感问题的时候只会增加学生的心理负担。围圈活动的主题往往与个人的深层感受、个人的私密生活有关，所以，这方面特别需要教师的敏感性。如果教师知道班级里有学生的父母离婚了，或者是学生生活在某种意义上的单亲家庭中，就不能讨论这些方面或者与这些方面有关的问题。

　　围圈活动看似简单，实际上需要认真的管理，需要协调学生和进展过程，要让所有的学生都有机会取得进步，因而教师需要把握总体的目标、计划和结构，同时还要灵活调整，留有余地。

附　录

附录 1　情感教育的理论发展与实践历程[①]

朱小蔓教授是我国当代情感教育理论的倡导者和实践的行动者，她以学术责任感和学者的道德良知，长期以来引领着我国的情感教育研究。朱小蔓教授的情感教育思想在她的不断思考、实践过程中不断完善。除了有伦理学、文化人类学、心理学、教育学等多学科视野及知识修养外，她长期以来与各级各类学生打交道，深入一线基层，经常坐在课堂听课，用她的"情感教育之眼"观察教育"病症"，发出学术的声音，在对抗现实教育的"分数文化"中发挥了积极而重要的作用。

2015 年 10 月 25 日～27 日，朱小蔓老师（以下简称"朱"）在她的合作学校——江苏省南通市田家炳中学，进行"教师情感表达与师生关系改善"课题研究。在这期间，她放弃休息，接受我（以下简称"丁"）就情感教育方面的问题对她的专题访谈。南通大学教育科学学院教育学专业的部分研究生有幸一起聆听了朱小蔓教授的教诲。

丁：朱老师好！20 世纪 80 年代，正是社会普遍重视知识教育的

---

① 本部分作者系朱小蔓、丁锦宏。

时代，对应于"以经济为中心"，教育系统内"以学习为中心"和"双基（基础知识和基本技能）"是当时的"主流"话语。而您在那个年代，却选择了今天人们发现越来越重要的"情感教育"进行研究，您能给我们谈谈您选择情感教育研究的原因和过程吗？

朱：众所周知，"拨乱反正"以后，教育界对知识的重视是对"知识反动论"和"知识无用论"的扭转，对当时我国教育和社会经济的发展具有重要作用。同时，20 世纪 80 年代中期，伴随软科学的兴起，道德教育研究开始重视量化研究。学者们希望用更科学的方法去评价、评量道德教育的效果。这对于我国长期以来缺乏实证研究根据的德育是可喜的进步，但它在使用过程中被机械地操作，造成了品德判断上实际的不公。而且，当时大学德育课程建设中片面追求知识系统化，片面讲求学科逻辑的思路，并不符合道德教育自身的目的和本性。作为道德教育的研究者和实践者，我心存疑虑。直到 1986 年，我在《哲学译丛》上读到苏联著名伦理学家吉塔连科教授的大作《情感在道德中的作用和感觉论原则在伦理学中的作用》，文中，他强调人的感觉、情绪情感在道德中的作用，批判逻辑实证主义对伦理学建设的负面影响。该文引起我强烈的共鸣和深究的冲动，由此为开端，我对道德哲学、道德教育学术领域中这类话题，尤其是情感在道德教育中的价值与发生机制产生浓厚和持续的兴趣。由此，我选择将道德情感研究作为哲学硕士论文选题。

后来，我把对伦理学视域中道德情感的关注延伸到对教育全域中的情感缺失问题。因为，从 20 世纪 80 年代中期开始，全国有一批教师，如李吉林老师、倪谷音老师、刘京海老师等，开始发现，学生为了考取大学，出现了偏科、负担过重的现象。因为当时刚恢复高考，要抓"双基"，但怎么抓"双基"，怎样使扎实学习知识和技能的背后，有更持续的、源源不断的内驱力和内在力量，是大家都想知道的。显然，仅仅考察认知发展是不够的，我们必须要追寻人的内在情感和学习动机、内驱力、学习过程中的积极情感状况乃至生命状态，这是一个现实问题。不仅如此，我在立论中集中阐发情感发育成熟本身就是教育的重要目标之一。不能把情感仅仅当作取得学习效果的手段。人的感性层面没有发展，那将成为被批评的"单面人""失去一半的人"。情绪情感的研究，在心理学中一直处于"灰姑娘"的地位。直到冯特心理学实验室成立，才开始用一些实证的方式研究情绪，但还只是表层情绪的研究。到了 20 世纪 60 年代，随着心理学分支学科的逐渐成熟，尤其是对人类婴儿的研究，推动情绪情感的研究大踏步地向前发展。即便如此，情绪情感的研究在心理学研究范畴中依旧是相对薄弱的。所以，作为教育学学者，我们很难找到更多的知识、工具，尤其是清晰有力的思想来支撑我们解决教育中的现实问题。于是，我很想从教育学立场，用哲学思想及工具将各相关学科知识统整起来，建构一个相对完整的教育理念来应对教育现实中情感缺失和教育研究中情感缺失的现象。

还有两位重要人物不能不提及，一位是中国哲学家李泽厚，另一位是美国发展心理学家 H. 加登纳。李泽厚在 20 世纪 80 年代提出"情本体"思想，他的《论实用理性与乐感文化》一文提到中国人的传统观念是重视情感的（由情况、情境产生的人情及关系），将之作为生活的本根实在。受此启发，我提出情感教育要从关注人的情绪情感状态、基调入手，关注人的情感品质与能力的提升。H. 加登纳的人格智能理论认为，人格智能（其中有一种指向内部，另一种指向外部），是每一个婴儿与生俱来的一种能力，是人类认知不可分割的一个部分，应当成为人类智能群中的一个部分。H. 加登纳的人格智能观，揭示了情感和智能的统一。他提出的内省智能，实质上是个体对主观体验的一种自我认知；人际智能，是个体对他人情感体验和行为表情的一种认知。

这两种认知揭示了情感体验过程中的信息加工机制。可以说，它们既是认知能力，又是情感能力。

丁：情感教育的核心概念是"情感"。不少学习者反映，相比较"认知教育"概念，"情感教育"概念比较难以把握，请问朱老师，我们应该怎样理解"情感教育"呢？

朱：关于情感教育的内涵和外延，我在《情感教育论纲》里对情感教育下了定义：情感教育，就是关注人的情感层面如何在教育的影响下不断产生新质、走向新的高度，也是关注作为人的生命机制之一的情绪机制，如何与生理机制、思维机制一道协调发挥作用，以达到最佳的功能状态。

1993 年版的《情感教育论纲》里，情感的英文为 affectivity，affectivity 是 emotion 和 feeling 的总和，包含人的行为表现和身体感觉等两个方面的状态。feeling 更多的是强调感受——内心感受，有些感受是短暂的，有些感受反复出现并且是要反思性地体验的。emotion 一般是伴随生理反应的，有外在表现的。affectivity 则是一个复合词，这个词不仅包含外部表现、内在体验，还包含情绪、情感在其中起着明显作用的一些范畴，如内驱力、动机、自我评价、个人由于自我评价而构成的在情境中的特定反应，那这个范围就相对更大一些，它的外延就相对宽一些了。

我为什么把情感教育的"情感"定位在 affectivity 呢？因为我们研究的"情感"不仅仅是心理学、生理学层面上的"情绪"（emotion），也不仅仅是"心理感受"层面上的"体验"（feeling）。欧盟"学会学习"能力监测于 2006 年提出"认知—情感"二维概念框架，于 2008 年提出"认知—情感—元认知"三维概念框架，内含 10 个子维度，其中情感维度包括学习动机、学习策略和面向变革的学习取向。学业上的自我概念和自我评价，就是在特定情境下自我的行为方式。当然并不是说所有的环境因素都在内，只是指情感在其中起作用。1990 年左右，我将人的发展分为认知维度和情感维度，认为情感教育主要是关心认知维度以外的情感维度的发展。由此也造成一些误解，有的人以为情感教育只重视和强调情感发展，贬低认知发展，其实，当时研究的情感发展机制和路径中就包含有通过认知来促进情感发展，不过我特别强调了情感发育还有一些自己独特的机制尚未被认识，需要好好探查。总之，情感这个维度(或窄或宽)，心理学对它关注得不多，教育学对它关心得更少。

1995 年，我在正式提出"情感性道德教育范式"时，又对自己使用的"情感"概念做过如下界定：可以把它看作标志人的情感发展的连续体，包含着人的情绪基调、情绪表达方式、情趣爱好、情感体验性质与水平、价值倾向乃至于人格特征、精神情操等。因此，将某种道德教育范式称为"情感性"，是鉴于该范式对个体道德发展水平主要从内在动力系统而不是从外在能力系统来标识。并且我认为，这一范式强调道德教育对人的情感需求的引导，可以利用两种情绪运作机制：一是中国传统文化历来主张的情意感通机制，二是需求冲突机制。这些想法后来被进一步明确表述为积累正面情感、澄清负面情感。

2011 年，为实践界使用方便，我又给出一个操作性的界定：情感教育是指在学校教育、教学中关注学生的情绪、情感状态，对那些关涉学生身体、智力、道德、审美、精神成长的情绪与情感品质予以正向的引导和培育。所以，我所以为的情感教育的内涵、外延，与心理学解释的不大一样，和欧洲主张精神关怀的情感教育联盟皮特·朗的定义可以做一些比较。皮特·朗先生认为，情感教育是教育过程的一部分，它关注学生的态度、情感、信念及情绪。它包括关注学生的个人发展和社会发展以及他们的自尊，或者如法语的表述：关注每个学生，以使其能够感到身心愉悦，这可能是更为确切的表述。更为重要的一面，则超越学生个体以关注他们与别人之间的关系，因此，人际关系和社交技能被认为是情感教育的核心。情感教育常包括对学生的辅助和指导这两个方面的措施，并且教育的情感方面和认知方面是彼此相连的。学生对他们自己作为学习者的感觉和对他们的学术性学科的感觉都像他们的实际能力一样影响很小。他主要更多地强调情感教育就是要帮孩子保持在一个情感很惬意的、愉悦的、快乐的状态。我们提出的情感教育则由于中国文化的深厚和悠远，所寄托的教育和思想目标要比他的更宽阔，我们认为情感教育既支持人的智力发展，又支持人的道德与审美发展。

丁：您早在 1992 年完成的《情感教育论纲》里就提出了"情感能力"，当时很少有人理解。直至 1995 年，时任《纽约时报》的科学记者丹尼尔·戈尔曼出版了《情商：为什么情商比智商更重要》一书，这本书 1997 年被引入中国，引发极大关注。请问您的"情感能力"和戈尔曼的"情商"这两个概念之间是怎样的关系？

朱：我当时提出"情感能力"的概念，也将情感能力具体分化为情绪辨认能力、移情能力、情感调控能力、体验理解能力、自我愿望能力等。但对于情感能力的提出，当时的心理学界曾有不同看法，认为情感能力的说法不合适。情感不存在能力，这个概念不规范。但我想，弗洛姆曾提出"爱的能力"。既然爱可以是能力，为什么其他的情感品种不可以是能力呢？所谓能力，是某种可以外化出来的行为，这种行为表现出一种功用。而行为表现出功用的时候，它就可以被称为能力。因此，我还是坚持用"情感能力"这个概念。到了 1995 年，戈尔曼提出了"情商"，当时有很多人赞成这个说法。说实话，戈尔曼等人的研究把情感智能的概念建立在许多很有意思的案例的基础上，这一点是值得我尊敬和佩服的。我较早提出"情感能力"的概念，但是缺少一批可以描述情感能力的经典案例，这是我不及他的地方。但是，我不大愿意使用"情商"这个概念。理由是，虽然"智商"概念在心理学中已被不断完善，但在将其用于测试人的智力时，仍有相当的风险。测智商固然有一定参考价值，但是一旦知道哪方面弱，就有可能对孩子造成不利影响。这也是教育学和心理学在学科性质和诉求上的区别。心理学追求科学，讲究科学，但教育学的研究的最终目的是为了孩子，如果对孩子不利，仅讲科学是不够的。由于情感的隐秘性和复杂性，情商会更难被测试出来，所以，我不愿意使用"情商"这个概念。与梅仲荪老师合作时，我们试图编制测查情感的表现性指标，但后来没有坚持在使用中调适、完善。

丁：全国著名特级教师李吉林老师多次谈到情感教育对于她的情境教育理论的支持作用，请您谈谈您的情感教育理论与李吉林老师的情境教育理论之间的关系。

朱：李吉林老师是我国德高望重的基础教育方面的专家。她曾在《教育研究》杂志撰文《情感：情境教育理论构建的命脉》，该文涉及情感教育与情境教育的关系。她认为，情感始终是情境教育的命脉。我在研究过程中一直从李老师的情境教育实践中获取养料，同时我也不断地为她的情境教育理论建构尽一个学者的贡献。我俩之间有很多互动和很好的友谊，我会从我的情感教育视角解释、理解情境教育。我认为李老师的情境教育意指，无论什么样的情境，都旨在寻找用多种方法帮助孩子学习，因为多种情境就是代表着、意味着有多种学习方法，孩子从感性学习到抽象理性学习是需要过渡的，如果没有过渡，很陡，孩子就接受不了，而情境就是一个学习中介。有了种种中介，孩子通过听故事、听音乐、讲故事、在大自然中活动等方式，会比较容易地从感性走向抽象理性的理解。在这个过程中，不同的孩子获得了不同的能力、条件，有的擅长活动，有的使用跳舞的方式，有的使用其他形象工具表达，这就令所有的孩子都可以用他们独特的方式进入学习中。从这个角度看，情感教育可以是她的情境教育的理论基础之一。

丁：关于情感教育研究，也有学者从不同的学科立场进行研究，取得了丰硕成果。如卢家楣教授从心理学科的角度研究"情感性教学"问题。请教朱老师，您研究的情感教育和卢家楣教授研究的"情感性教学"是怎样的关系呢？

朱：卢家楣教授的"情感性教学"研究，或者叫作"教学过程中的情感心理学"研究，对我也有很多启发。他从心理学家的角度研究教学过程中的种种情感表现，发展和扩展了情绪心理学在教学中的应用，我很尊敬他。不过，教育学立场与他的情感心理学研究毕竟不完全一样。虽然我的研究也要研究教学中的情感现象，但我的研究更多地考察教育目的性，反思教育学的伦理立场，追问我们对于儿童是怎样的一种认识，怎样的一种观念，构成一个怎样的教学过程中的师生关系。

心理学更善于捕捉外显出来的情绪情感表现，他们的研究往往切口小，工具比我们细腻。我们的研究则要考虑外显出来的表现背后的历史文化脉络、人文背景。更多地考察生活史，考察文化环境，更关注教育目的，更关注对儿童的理解，更关注师生关系，更关注教师的情感情绪的表现背后历史文化、地域文化、管理文化以及本人内在的人文素养是如何起作用的。卢家楣教授的情感心理学研究，给我不少启发。1996年、1997年教育部酝酿、发动第八次基础教育课程改革之际，我有机会参与课程政策研究，对课程与教学过程各门学科如何发挥学科自身特点去影响学生的情感、态度、价值观做了一些研究，将研究成果以《课程改革中的道德教育和价值观教育》为题发表在2002年的《全球教育展望》杂志上，那篇论文在国内产生较大影响，译为英文后被国际SCS引用。著名教学论专家小威廉·多尔夫妇还就此做了评论。我虽然不从事教学论研究，但对情感、态度、价值观的研究，可以为课程改革发挥一点学术作用。我一直觉得自己因为长期"双肩挑"，没有精力和能力做更多学术，但我可以以情感研究为母细胞向教育学理论和实践的相关方面积极生长，为改善教育实践的需要，寻找新的研究目标。

丁：您的专著《情感教育论纲》的出版标志着您情感教育理论大厦的框架已经建成。我们知道，朱老师您一直没有停下情感教育研究的脚步，后来在做情感教育研究时，您还关注了哪些问题？

朱：刚才已经涉及向课程领域的伸展，更多地当然还是在老本行上拓展。除1995年我正式提出"情感性道德教育范式"外，2002年后，我受命主持研制思想品德课程标准、编写思想品德教材，这项艰苦的工作对自己的能力和意志是巨大的考验，其中，情感体验的价值、机理等学术性认识在我的实践探索中得到运用和深化。

还有，情感教育研究要向前发展，必须要研究细化情感教育的目标以及落实的条件。以《情感教育论纲》《情感德育论》为标志，我初步构建了情感教育的理念框架，但情感教育的目标并没有具体化。之后的工作是继续思考与道德、智力、创造、审美最相关的情感。我把它们称为情感的质料与品种，进而考察其中有哪些质料和品种可以构成情感发展的目标，考察教育的机制。质料与形式的概念，来自亚里士多德和康德的质料因和形式因。从那时起，我带着研究生分别研究了秩序感、敬畏感、羞耻感、幸福感、怨恨感、责任感、同情感、友谊感等。另外，我的合作伙伴梅仲荪老师进行"爱的操练"系列研究，通过精心组织幼儿爱父母、爱教师、爱同伴的活动，训练其行为，以交往行为中的感情传递为强化机制，将儿童自然的社会情感推衍、迁移和升华。在《情感教育论纲》中，我把"爱的操练"作为情感教育的一种模式。后来我与梅仲荪老师合著《儿童情感发展与教育》，研究不同年龄段儿童情感发展的特征以及适宜的教育目标与方法，目的是将之前建立的框架细化。其中，与道德有关的情感品种，我提炼的是，主要包括依恋感、安全感、快乐、自我悦纳感和由此产生的自尊、自爱、同情、怜悯、利他心、荣誉心、责任心及崇高感等。我一直希望自己的学生可以通过有说服力的实证研究找出在哪一个年龄时，哪一个品种对于儿童道德人格奠基是最重要的，甚至研究不同文化背景下的排序。遗憾的是，由于难度大，我自己没有投入更多的精力，这个心愿至今未能实现。

丁：您的学术研究与您个人的学习、工作经历息息相关。许多一线教师感佩您的跨学科视野和调和知识的睿智。您能和我们分享对您的学术研究，特别是情感教育研究产生影响的人物或者事情吗？

朱：回顾我的工作和学术经历，现在看来，我研究情感教育有内在逻辑。我 1972 年大学毕业，1973 年开始边做行政工作边兼教大学生的思想品德、人生修养、教师职业道德等课程。出于好奇和工作需要，我 1984 年在东南大学——过去的南京工学院，先旁听，继而跟随王育殊先生学习伦理学课程，并开始读翻译过来的苏联伦理学教学委员会主任吉塔连柯教授的《马克思主义伦理学》。

在硕士阶段，我主要受西方哲学史、伦理学史重要人物的影响。比如，亚里士多德的情感习惯、情感反应模式对我的研究最有启示作用。为什么我把内部和外部情感都考虑进去，是因为受到亚里士多德、黑格尔、杜威思想的影响。亚里士多德是一个"机体论者"，他强调生命是一个有机体，所以情感不分内和外。内部是什么情感，外部就会反映出来。我认为，儿童时期的情感反应习惯非常重要。当他看到爸爸妈妈开心时，他也开心；当他看到爸爸妈妈不开心时，他也不开心。这就启发我们，在做儿童情感发展研究时，要考虑在什么年龄，在怎样的情境与互动关系中容易形成哪些情感反应习惯，不要误了生命的时节。斯宾诺莎的思想对我也有影响。斯宾诺莎极其重视人的感受与德行之间的关系，他认为人的道德基础在于他的感受。人的德行建立在一点一滴的感受的基础上，而不是无本之木。

当然，由萧焜焘先生亲自讲授的"西方哲学史"、黑格尔的《精神现象学》对我的影响最大。我经常告诉我的学生，萧先生讲课，从来不是讲知识，他从来都是将知识、历史、人物、故事从心而发、信手拈来，他的课从来都是哲理与史诗的融合。我研究的情感教育，在某种意义上也是精神现象的教育，它不仅是情绪，也是精神现象。这种精神现象从早期胚胎开始到死亡是怎么发育的，这个过程构成一个人的情感发育史。我们只有关注情感发育史，才能具体地将其化为教育的操作。我和梅仲荪老师从 1994 年开始合作，一起写了《儿童情感发展与教育》。20 世纪 90 年代末期，根据我们在实验学校，包括幼儿园的实践探索，我们在以下三个方面形成了较为一致的共识。第一，道德情感形成有自身的发展轨迹，道德情感教育的目标要求和内容确定存在着明显的阶段性和层次性。第二，道德情感教育要把握情意感通机制和需求冲突机制，让学生在情感场的氛围中，积累道德情感的感受和体验，从而使道德情感通过内化和外化升华。第三，道德情感教育要重视教育者的情感资质和人格魅力的独特作用。

同时，东方哲学史对我的研究也有影响。在中国传统文化中，情感教育始终赋有"教化"的色彩，具有"人文化成"的含义。教人在夫妇、父子、长幼、君臣之间恪守道德规范，便有了不同于动物的人的社会情感，这一"人文"色彩，就叫"情深文明"（《小戴礼》）。至于情感教育的具体思维方法与操作方法，则是"能近取譬""近取诸身，远取诸物"。其特点是推己及人，由己到人，"己欲立而立人""己欲达而达人""己所不欲，勿施于人"，因而，情感教育便是以理服人，以情动人，合情合理，理从情出。

鲁洁先生对我选择情感教育研究的肯定和鼓励，对我影响很大。

20 世纪 80 年代后期，我才有机会做了鲁洁先生的博士研究生。先生曾经是我的硕士论文评审专家。后来我因研习伦理学、西方哲学史的一点基础和未泯的兴趣，投到她门下学习教育学，期望通过教育学科继续研习伦理学，并转向道德教育哲学。入学后不久，她有一次对我谈起，现在教育学术界，人们不大愿意做德育研究，但这么重要的事情总得有人做。之后我听她在不同场合引用《浮士德》里的诗句"我们不下地狱谁下地狱"，一种理想主义和英雄主义的豪迈，夹杂些许悲壮的气息，很是感染我，让我冲动、激奋。鲁洁先生对我的影响，我在《南京师大学报（社会科学版）》2010 年第 2 期上写过专文——《跟随鲁洁先生学习道德教育哲学》。

丁：朱老师，作为"双肩挑"学者，您要求自己忠于岗位责任，情感教育研究显然不是您生命时光的主要部分。但回首望去，在情感教育研究园地里，您不仅选题在拓展，其实方法也在拓展，您能围绕这方面谈谈吗？

朱：我在硕士阶段受到萧焜焘先生严格的形上哲学（思辨哲学）的学术训练，比如充分的感性直觉，尽可能精确的知性知识，历史、辩证的综合能力，这三种思维形式的训练，让我受益终身。当然，我没有学好。后来接触到现象哲学，我开始感到自己在研究观念特别是方法上的不足。研究人的情感，不仅是期望人的情感发展，更需要研究真实生活中人的情感，用佐藤学的话来说，"规范论"的线路是不够的，要采取"逼近论"的思路。比如，研究教师情感素质及能力提升，在 20世纪 90 年代，我只能主要靠思辨和经验推论来描述，从世纪之交以来，我指导研究生更多学习采用人文实证研究的方法获取尽可能多的实证根据。在最近开始的田家炳教育基金会项目中，我更加重视洞察、捕捉教育活动中的真实情境、画面，考察关系、事件和人物内心，作为研究者注意克己、聆听，感情移人、同感共受，注重教师身上发生的细微、缓慢的影响和变化，而不急于求结果。

教育学的行动研究既要涵盖因果性分析，也要涵盖解释学的领域。因果设定只能用于被对象化了的过程，而主体之间的互相影响与位置置换在我们最近的研究中发现是完全可能的。我以我的心来体会当时你的心，从而走进你的世界。而这同时，我们自己的情感境界也在悄然变化，体会到情感教育研究对自我提升的价值。

丁：1999 年正式启动的第八次基础教育课程改革明确提出了"三维目标"，特别是将"情感、态度、价值观"维度作为各科教学必须要关注和落实的目标，这和党的十八大中明确要求的教育要"立德树人"高度一致。是不是可以这样说，您的情感教育研究对教育变革产生了一定影响？

朱：从 20 世纪 90 年代后期开始，我国的第八次基础教育课程改革在各学科课程标准中，都强调了实现道德及价值观教育的目标，希望教师尽可能全面、深入地挖掘、展示出不同学科在实现道德教育上的不同价值。尤为突出的是，各门课程标准都强调培养学生积极情感（体验）的态度目标，概无例外地明确陈述出来。我认为这是将道德教育、价值观教育从课程功能的完整性、整合性的角度去规定，从而建立起新的基于完整课程功能观的学校道德教育理念。这样，就将学校道德教育、价值观教育的空间大大扩展了。

我不敢妄说是自己的研究影响到某些课程改革政策，但某种程度上可以说，对情感、态度、价值观的重视与我们的长期研究、努力有一定关系。大家越来越认同教和学的过程中教师和学生的情感都很重要。情感不仅是动力系统，其本身也是发展目标，人的价值观主要是通过教和学的过程影响的。过去我们常常把德育与智育分开，忽视在智育中如何影响人的态度和价值观，其实在智力活动中对价值观和态度的影响比在专设的德育课中的在时间和空间上更深远。学界和实践界尽管对三维目标的提法以及实际落实有不同的看法，我本人也期望学界有更深入的研究，但至少它可以释放教学过程中的潜在能力，同时对德育本身也是一种新的空间和理念的调整。

丁：目前，情感教育的重要性和价值越来越被广大一线教师认识、认同。作为一名教师，您在教学中如何体现情感教育？

朱：我们从 2014 年开始了教师情感表达与师生关系构建的项目研究。20 世纪 90 年代初以来，我在教育研究中始终秉持如下立场、观念：教师的情感—人文素质是教育素质的支撑性品质，它不仅从内部保证教师的教育信念、教育热情，而且在技艺层面上保证教师的教育、教学效率。21 世纪以来越来越多的证据表明，学生学习的积极性、学生的发展与学习环境、教师和学生间的关系密切相关。教师的情感表达方式及其效果体现在其教学活动中如何深刻理解和传递学科背后的伦理价值、文化意蕴、方法妙趣。无论教师个人性情、教学风格如何迥异，教师对其学科、专业是否挚爱，对学生是否真爱都会被每一个敏感的学生感知，孩子们时刻与教师处在相互构建、相互形塑的过程中。由于教师的情感表达是其内在情感素质的外显，"表达"指向学生，构成一种"关系"，由双向互动而产生进一步的结果，我们将它作为工作的切入口，着力考察教师：对学生的情感需求是否敏感、能否识别并恰当应对，包括观察、倾听、缄默、移情、同情性理解、共情等；帮助学生解决情感困顿，以及有能力调适自己的情感；与学生建立基于"关心"的情感关系。我们的项目希望教师通过提高文史哲修养，尤其是通过文学阅读、影视观赏的方式，找到相似情境而情意感通，提高对情境的感知力、识别力、洞察力、移情与共情能力；通过叙事分享和现象学写作的方式，理解情感表达的意义，由此增进教育的理解力。我们现在正在进行香港田家炳教育基金会"教师情感素质提升行动"项目，这个项目以教师情感表达能力的提升为切入口，与中小学幼儿园教师一起，就师生交往、师生的情感素质与能力等议题开展行动研究。

　　教学过程为什么对情感态度有影响呢？因为学生大部分的时间在学校和课堂中度过，他对学科是否热爱，本身就是一个重要的情感，所以每门学科进行情感教育的原因，最主要的就是通过学科学习增进孩子们对这门学科的情感，这本身就是很重要的情感目标，而很多老师忽略了这个问题。一个人如果热爱母语，热爱自己民族的文化传统，热爱自己的祖国，那么本民族语言文学所承载的文化、价值观和情感本身就是对学生十分重要的情感教育。但是教师不一定能将教材内容所包含的情感价值观传递出来。那么教师应该怎么去传递？首先，要对学科内容有情感性的理解，比如，镭是居里夫人发现的，居里夫人是一位多么伟大的女性，如果教师理解这一层面，那么讲课过程中不仅有化学知识的教育，还会很自然地进行情感教育，所以我们要提醒教师们建立这种意识，每门学科的内容都是饱含着情感、态度、价值观的。其次，每门学科的学习方法也是饱含着情感、态度、价值观的。譬如，学习数学的方法有逻辑推理、寻找充足事实根据、严谨推导和抽象思维，这些方法严谨客观、信仰真理，都是经过严谨推导，甚至是长推导来得出结论的，这是需要很强的毅力和记忆力的，那么它们就是情感、审美和价值观。所以学科无论内容还是方法都是有情感的，这就有赖于教师的理解，如此，教学设计具有了情感，教学过程也可能就有了情感。同时，教学活动中大量生成的东西，是靠教师进行教学的组织工作以及教学过程中新生成的东西，新生成的东西也要靠教师的敏感性。教师要通过识别学生的面部表情和肢体动作，把握学生表现出来的态度。李庾南老师 70 多岁了，是全国数学名师，她坚持当班主任，就是为了了解每个学生的秉性、学习能力、喜好、擅长用什么方式学习，这对她的数学教学有很大的帮助。她尽可能地使学生对学习数学不畏难、不放弃、不自卑，避免学生因学习困难及分化遭遇灰暗的人生。

　　每一个人都有情感，如果学生长时间保持积极情感，如对学校、老师及学科是喜爱的、合作的，那么这个学生怎么可能发展不好？我们现在研究的情感是通过实证发现学生对师生关系到底会产生什么积极或消极情感，怎样的情感支持道德、支持智力活动，怎样的情感伤害道德、破坏人的学习和创造愿望，这都是在生活中真实发生着的。许多教师作为班主任迫于各种外部压力，忽视了学生的情感，这很可能会造成一个学生一生的悲剧。对于留守儿童来说，爱是缺失的。爱有两种：一种是健全的爱；另一种是不健全的爱，不健全的爱包括溺爱和爱的缺失。无论是溺爱还是爱的缺失，都不能给孩子一种独立的存在感。溺爱使孩子独立性很差，爱的缺失使孩子没有独立感，感受不到存在价值，会变得冷漠，将来可能会报复社会。所以情感教育对现在的孩子和未来的孩子抱有一种深切的人道主义关怀和同情，我们尽可能不让孩子在童年和少年时期遭受情感伤害，他们应该阳光快乐，信任老师和学校。如果他们不信任老师，也会不信任学校，进而不信任社会，在他们心里播下的是怀疑的、不信任的、怨恨的种子，总有一天他们会报复老师、家长和社会，那么就不可能形成和谐的、有序的社会。教师要通过各门学科的教学，最大限度地让孩子们进入积极的情感状态，进入全情投入学习的状态。教师要有能力识别表情和内心，有能力与学生进行实时的互动，去调整学生学习中的情绪情感。这不仅是发展他的积极情感，同时也是通过发展积极情感构成学生发展的强大动力。教师应带头播撒正面情感力量的种子，给孩子奠定健康的人格。

　　丁：教师本人的情感状况跟情感教学有关系，您在 20 世纪 90 年代就呼吁开展情感性师范教育，重视师范生的情感素质培养。请教朱老师，教师的情感素质是怎样影响教育、教学的呢？

朱：情感师范教育是指在各级师范教育中，加强对师范生情感素质方面的培养，使师范生的认知、技能水平达到师范教育目标，不仅在一般的思想政治素质方面具备其他类别目标没有的、特殊的职业条件，而且能够在未来的师范职业中，善于与学生顺利进行情感交往，能够胜任对学生进行情感导向的教育工作，这是国外 20 世纪 70 年代对师范教育提出的教育改革思想与实际操作。美国曾有过情感师范教育、人文师范教育、融合师范教育等，虽然叫法不一样，但总体上说，都是一种强调人文取向的师范教育理念。1994 年，我就写过呼唤有情感人文素质的教师的文章。1997 年，国外"教师专业化"的思潮传入中国，自那以后，我不断地撰文提出情感人文素质这一教师特征，它们与教师专业化的内在联系，包括指导博士生研究教师的创造性品质与一般的专业技术人员之不同，教师创造的根本来源是教师的爱心、敏感性、与学生情感互动的能力等。一个教师当是一个人文主义者，他足够尊重人，会劝谏自己一定要有耐心，要了解学生的家庭、生理情况、生活事件产生的原因、性情性格、生活史等。如果充分了解，能够及时沟通，我相信这个教师的学生不会与他对抗的。教师的人文素质使其能够包容、等待、平等交流，不会用控制、强力、淫威和惩罚的办法来扭曲学生的性格，使学生情感消极，如痛苦、无奈、无助、迷茫等。

我在前面已经说过，有两大类情绪情感经验的处理对于教育工作者特别重要：一是积累正面的情绪情感经验，二是澄清负面情绪情感经验。积极情感的积累，多多益善，且不断分化与复杂化。如何有效澄清负面情感？要考察、观察、求证原因。失调的情绪需要经历情感澄清，如果在教师的帮助下学生的认知活动和意志力被重新激活，联系感体验被勾连和接续，情绪情感就可以得到修复，返回平衡态而重新达致精神安宁。我把它称作"爱的联结"，我认为，教师要学习做"爱的联结"的使者。

1992 年，我在《情感教育论纲》中将其定义为儿童的联系感，现在称作"联结感"。当联结感的种种变式——各种积极的主观联结体验在生命体内产生，生命的内外关系便呈现出和顺、通畅、惬意、兴味盎然的情绪情感状态；相反，如果联结感阻滞、割裂，它表现为生命内外关系不畅、情绪沮丧、扭曲、了无兴趣、压抑、疏离、自我封闭、防御、逃避等。而且，它们并不只是人封闭的内心活动，还是生命活动极具动力性的机制，影响生命状态，又是生命态度形成，稳定为人格、性格的最丰富和重要的来源。教师要用自己的爱把知识与知识进行联结、把学科与学科进行联结、把学生与学习对象进行联结、把人与人进行联结；当学生"爱的联结"被阻隔时，教师可以帮助学生把断链的部分用爱联结起来，那么学生就会恢复正常的情感态度和生命状态。

联结感是儿童与生俱来的一种情感，刚出生的孩子的情感是一种很朦胧的整体，他们更多的是通过整体进行判断。蒙台梭利的研究发现，1 岁到 2.5 岁这个阶段，孩子只能看到整体，不容易看到细节。大致 2 岁以后，孩子才慢慢发现分割了的细节。这些都应该是教师要掌握的心理学知识。我抓住"联结感"这个生命现象之后，越来越觉得它是情感教育研究的基础概念和范畴，是我们要攻克的教育学的基础研究内容。基础概念和范畴会有一些如数学上用到的所谓"变式"，"变式"这个概念很有用，后来在我的情感研究中发挥了很大作用。一个人如果有"变式"意识，有"联结感"体验，不仅可以迁移学习的知识，而且会自觉追求合作学习、社会性学习。许多人学成书呆子，是因为联结能力差，与知识和人的联结能力不足。学校为什么要整合课程呢？学科很多，生活是整体，解决任何问题都不是单靠哪一个学科。陶行知一生倡导生活教育，提出解决一个问题可能要用到数学、物理、文字的理解等。基础教育课程改革以后，我们倡导用研究性学习、探究性学习等学习方式来解决跨际学习的问题，最近几年，一些小学尝试探索基于问题的学习。所以，整合是为了减轻不必要的学科重复，增加课本知识与生活知识之间的联系、学科与学科之间的联系、知识与知识之间的联系。对事物间的联系有敏感、有好奇，我把它称为"联结感"，希望家庭和学校重视从小培养人的"联结感"体验，这种思维习惯、情感需求，可以帮助人用不同方式和路径解决问题。"联结感"体验正是我在情感教育研究中发现的一个基础概念。作为基础概念，它所演化的基本范畴、基本命题可能会不断使用，就像一个核心技术，掌握它，弄通它，则一通百通。

丁：近些年，您高度重视对"情感文明"的建设研究。"情感文明"这个概念，对不少学习者来说，还比较陌生。请教朱老师，教育与情感文明建设是什么关系？

朱：2002 年，我开始关注学校管理与文化建设，到中央教科所工作后，我在南京首开"全国校长发展学校"，第一期提出的概念即"学校情感文化"。后我与其东在《教育研究》2005 年第 3 期发表《面对挑战：学校道德教育的调整与革新》一文，描述这种文化是师生间相互信任、友善、相互支持鼓励的精神氛围，而不是相互排斥、冷漠、不信任的气氛。我认为，以人为本的学校管理、以道德为本的校长能够创造出情感文化，而情感文化正是学校文化最重要的表征。但是一段时期以来，一些学校热衷进行的文化建设主要停留在建筑文化、景观文化上，停留在限于文本和成人诠释的制度文化、释义文化上，离孩子们的真实生活、真实情感需要很远。它们并不能实际地对人产生情感和精神上的满足、吸引和提升作用。管理是教育的手段，并不是目的。管理中的权力、管理者结构、领导与服从、规章制度与纪律使人受到一定的规训和约束，而令人有可能成为一个有教养的人；但是，管理学中的机构、权力、责任，各部门间的联系，部门间相互依从、领导与服从的关系等并不能生搬硬套到教育学范畴乃至教育实践中。

集体教育同样不是目的而仅是手段。在班级生活中，学生学习如何过共同生活、公共生活。在健康、健全的班级生活中，孩子们的情感才可能是惬意、舒展的，时常有与己相关的联结感，有同感共受的正面感觉。他们盼望与老师、同学见面，分享情感，以满足正常的人之需要。因此，班级的建设也要从班级情感文化建设、班级情感育人入手。

2002年，我虽然开始重视情感—道德的领导力，但那时还未直接接触苏霍姆林斯基关于情感文明的概念，直到2004年，我与苏霍姆林斯卡娅（苏霍姆林斯基的女儿）对话时，她使用"情感文明"这个概念标识苏霍姆林斯基的情感教育思想，对我有很大的启发。虽然在俄语中"Культура чувств"既可以翻译为情感文化，也可以译为情感文明，指称个人时，也可译为情感修养，但"情感文明"这一概念从此植入脑中，引发我极大的兴趣。同时期读到法国埃德加·莫兰的系列著作，其中关于人的认知与情感不断做圆环运动，推动脑的进化，从而为作为人科动物的人的文明进步奠定了脑发育的基础。教育（德育）一定意义上说是培育合适的脑。这个思想与苏霍姆林斯基的情感文明思想是一脉相通的。在苏霍姆林斯基的思想和实践中，道德教育是重点，情感教育的分量也很重。怎么理解苏霍姆林斯基定义的情感教育与道德教育之间的关系？苏霍姆林斯卡娅在与我的对话中指出，苏霍姆林斯基的教育思想有一个变化的过程。20世纪60年代是他思想发展的第三个阶段，他逐渐总结出在整个教育中最重要的是道德价值观教育。苏霍姆林斯基认为，全体老师努力使劳动人民在千百年间形成的那些高尚的道德品质——帮助别人、有同情心、不计私利、慷慨助人等，成为儿童的精神财富。这是教育工作中最细致的一个方面，它和情感教育紧密地联系在一起。苏霍姆林斯基的情感教育贯穿于全部教育活动中，而不是单独的一域。虽然我写作《情感教育论纲》时还没有来得及读很多苏霍姆林斯基的著作，但我感到很欣慰的是，在"情感教育是贯通教育全域的""情感教育的核心是道德价值观教育"等基本看法上，我们完全一致。苏霍姆林斯基认为人所持有的价值体系中最为核心、最基本、最重要的是道德价值。所以他将道德在整个教育体系中凸显出来，并将道德教育渗透在教学和教育活动的各个方面。某种意义上说，苏霍姆林斯基思想就是道德情感教育思想，所有的教育努力都是为了建设情感文明。

苏霍姆林斯卡娅告诉我，她想用"情感文明"这个词表达情感教育的宗旨。因为，情感教育就是让孩子去体验诸如交往、信念、尊敬、同情、悲哀、快乐、爱和互助等情绪、情感的教育，这样的教育将人的情绪、情感交汇在一起便会促成学生产生一种情感的美丽感觉，也就是形成一种情感文明。如果情感教育让孩子形成情感文明的话，就等于让他们有了多样生活的体验，从而具有了自我独立判断和选择的能力，哪怕在单独的环境里，也能做出关于道德方面的选择。"情感文明"让我联想到精神文明，这是一个漫长的发展过程，教育就是要为情感文明做出贡献，学校要为实现情感文明发挥出自己的功能。而如今，当代道德教育现实不容乐观，当年提出的重视情感在个体道德形成及道德教育中的地位和价值，提出的"情感性道德教育范式"，强调的以情感体验为基础，以情感—态度系统为核心，以情感与认知相互影响、促进而发展为过程，从情感素质层面保证人的德性构成的道德教育理念、取向及其实践操作样式远未过时，还需要我们继续传播，继续深化研究。

人本身是最宝贵的价值，人的生命也是最重要的价值，而对一个人来说，道德价值又是最基本的价值。科技不断发展，但人性变化并没有那么快。在人类文明史中恒常不变的东西是价值观中最基础的。它可能超越时空，是人类共性的东西；它们最接近生命的本能，也最接近自然。甚至可以说：越是基础的，越是恒常的；越是恒常的，越是自然的。而孩子就是自然的，他表现着生命的本能，其早期形成的东西最为牢固。要使人形成具有恒常性的基础价值观，就要越早进行教育越好。

爱是人类最基本的情感，情感是最牢固的东西，我们要尽早地把这种与生俱来的东西保护下来。情感教育是事半功倍的工作。通过爱的力量，在"爱力""爱心"中，生命才可能以整全的状态，建立更好的自我内部的联结以及自我与外界他者之间的联结，并获得意义。当教育性的关爱之光照射生命，便是一种激活生命、穿透生命关系的伟大力量。

我谈情感教育从来不反对认知。人的阅读量不够，看不到人类丰富的内心世界，也就不可能看到世界之广大、科技之发达。字词句的学习不是用来考试的，通过对字词句的学习，促进认知发展，才能更好地理解细腻的情感，否则一个人对情感的理解是非常粗糙的。总之，情感教育从来不反对认知，有了认知的条件，情感才可能细腻、深刻、复杂、博大，认知是助力情感的，而情感也是助力认知的。我们要在理念、方法和机制上探讨一套办法来加强不曾被人重视且至今也不被人重视的维度和领域。我们要培养"真人"，能喜怒哀乐的人，而非"机器人"和"假人"。人的探索、创造需要情绪专注、精神高度集中，还需要勇敢、冒险、不怕嘲讽和失败，这与早期安全感的获得以及充满信任、鼓励的环境有关。没有情感教育，也就不会有创造性。所以情感教育是教育中极为基础的理论研究。在这个过程中，我们发展了一些基本概念和基础理论，包括道德情感结构、情感性道德教育、爱的联结、教师情感表达能力等。它们生长在中国自己的教育情境中，今后仍然要接受中国教育的检验并不断充实、发展。

丁：情感教育理论深邃，实践丰富多彩。请您谈谈我们在今后情感教育的理论与实践方面应如何发展。

朱：第一，要进一步加强基础理论研究，因为基础理论的逻辑论证需要更透彻，基础理论还会延伸出新的概念和范畴，也需要足够充分的论证。第二，对情感教育的质料和内容要有实证研究。比如人们常问：自尊心在什么时候培养最重要？诚实品质养成的关键期在什么时候？这些都需要做进一步的实证研究去证实（尽管我的学生已经做了一些有价值的研究）。尤其是要研究在中国文化的脉络下，在中国本土，我们的儿童在不同环境里有哪些情感的种类，以及如何培养、如何监测它们。第三，要通过教育实践来进行应用研究。通过对家庭、学校的研究，我们要发现促进情感发育的有效经验，以及通过积极情感和消极情感的大量生活案例和现象，来引发在理论上做结构化的思考，促进理论与实践之间更积极的互动。总的来说，情感教育的基础研究与实践研究都远远不够。

21世纪以来，我开始较深入地阅读苏霍姆林斯基的作品，他的情感教育思想对我的情感教育实践研究产生了很大影响，这种影响最主要的是对儿童的真爱，对教师工作、教育作用之可能性的信念以及扎根学校、立于职场研究的韧劲。

除了学术细节的深化研究外，我的情感教育研究在今后很重要的工作就是与教育工作者一起真正去体会每个学生（也包括自己和同事）都有被承认的本性、欲求，它们是个人生命发展的生命历史动力学。学校及学生班集体等组织无非是搭建一个平台，为个体、家庭和集体组织搭建能够实现自我满足的平台。

当然，思想普及的任务也很重要。希望我们的力量和媒介的力量能够进行这项工作，我们要让更多的人知道情感教育是什么，情感教育为什么重要，情感教育需要学校做什么，需要学科教师做什么，大家为了做成这些应该如何要求自己。这些都需要我们进行细致、广泛的普及工作，而这些工作也需要我们针对原有的知识、认知进行梳理。

情感教育研究是一个无止境的学术过程与生命过程。包括之前的情感概念、提问方式、命题等都可能在不断重新建构，借用弗朗西斯·福山在清华大学的演讲中指出的，要对世界的变化保持开放性，否则就无法做一个严肃的学者。

丁：今天占用了您宝贵的时间，感谢您就情感教育主题给我们做的全面深入的分析与指导，我本人尽管作为您的开门弟子，从硕士到博士一直追随您学习情感教育，但对您深邃思想的领会还很浅显。您今天就情感教育的研究背景、基础和价值，情感教育概念，情感教育在教育教学中的实践，以及情感教育与教师发展等方面的系统阐述，使我受益匪浅。我相信，今天在座的每一位同学也学有所得，我们回去后再慢慢消化吸收。再一次谢谢您！

［本部分原载于《苏州大学学报（教育科学版）》
2015 年第 4 期，收录本书时略有修改］

附录 2　情感教育实践

一、小学课堂的情感教育课程构建[①]

情感教育渗透在学校教育的方方面面，面对当下学校教育中的情感缺失现状以及情感教育发展需要，除了在学校教育教学中注重对学

———————

① 本部分作者系刘昕。

生情绪情感的培育之外，还迫切需要专门的情感教育课程来就学生的情感发展进行有针对性地引导和教育，而课程建设也是情感教育理论落地生根的重要途径之一。近年来，江苏省南通市虹桥第二小学（以下简称"虹桥二小"）以情感教育为理论支撑所探索构建的小学课堂中的情感教育课程是情感教育在课程开发与运用方面的实践探索和运用案例之一。

(一)在课程目标设置上，明确情感教育的年段目标，按照学生生活经验构建情感教育校本课程

首先确立整个小学段六个年级的情感教育课程框架，明确年段目标，形成典型课例 90 个，边做边修正，教材和课堂同步推进。从一年级到六年级，从情绪的表达到自我的认知，从人际交往到亲子关系，从自身心态到处事办法技巧，从获得正面情绪到排解负面情绪，但凡儿童成长过程中可能遇到的问题，都成为情感教育课程的教育内容。

在具体的课程研发过程中，老师们从学生的生活入手，根据不同的年级特征，从交往、信念、尊敬、同情、悲哀、快乐、爱和互助等维度，进行教学设计。例如一年级的学生走进校门，面对一个全新的环境，不知道如何自处的时候，老师们就很焦急，希望能够帮助他们尽快地投入学校的怀抱，熟悉新环境，交上新朋友。于是，虹桥二小就设计了以"大熊的拥抱节"为主题的情感教育课程。

(二)课程实施过程中注重实践和体验，构建情感丰富的课堂氛围和环境

虹桥二小认为，情感教育的课堂教学方式必须是"情感"的，情感教育既是目标，也是方式。他们以情境的、体验的、和谐的、温暖的、审美的方式，让师生沉浸于人与人的对话互动的教学场域之中，注重体验、实践，让学生在"做一做""说一说""想一想""抱一抱"中，体验着沉浸于课堂的主旨情感。

例如课堂上，老师展开双臂，拥抱学生，与学生一起走进"大森林"，帮助可爱的熊宝宝得到更多的拥抱，把更多的课堂时间给予学生，真实地抱一抱，猜想着自己可以得到多少个拥抱，稚气十足的学生看起来只是在抱抱，然而他们在抱抱中感受到了"拥抱"的滋味，聪明的小脑袋也在拼命地转动起来——思考在生活中怎样与小朋友相处才能获得更多的抱抱。

(三)关注小学生成长发展关键期的情感发展需求，构建有特色和有针对性的情感教育课程

小学三年级的学生正处在从低年级向高年级的过渡期，这一时期也是形成自信心的关键期。有的学生会因他人的评价表现出强烈的自我确定和自我主张，对自己的评价偏高，有时甚至会"目空一切"，容易产生自负的心理；有的学生则相反，由于某个方面的缺失或成绩的不良，受到班级同学的"另眼相看"，他们往往对自己评价过低，失去应有的自信。针对这种情况，虹桥二小用心设计了一堂情感教育课"不一样的你、我、他"。

小学高年级的学生正处于由儿童期向青春期过渡的关键时期，处于心理发展的骤变期，自我意识、独立意识明显增强，成长中因面临各种人生课题而产生烦恼和焦虑，如学业压力、同伴关系、亲子关系、师生关系等都带给小学高年级学生很多烦恼。他们不再唯父母、老师之命是听，尤其是对父母的教育，他们总是时违时从。对此，虹桥二小以"父母之命"为题，凭借学生的生活回忆，重现家庭中父母的教育言语，从而罗列、分类、分析：出于什么原因父母会这么说？当课堂上播放了学生父母真实的心里话时，学生看似平静的内心里早就掀起波澜，他们不由得站在了父母的角度，思考着生活中所遇到的种种。

二、中学情感德育与教师情感人文素养提升的实践与探索①

2014年开始，受香港田家炳基金会资助支持，由朱小蔓领衔主持的关于教师情感表达与师生关系构建的项目开始展开研究。该项目组在全国选择了两所中学(江苏省南通田家炳中学和北京中学)作为项目研究的"种子校"来开展项目研究与实践活动。随着项目的开展，两所"种子校"也在各自的学校开展了一系列的情感教育研究和实践活动，它们是情感教育理论在实践中运用的代表。

(一)江苏省南通田家炳中学的情感德育研究与实践

江苏省南通田家炳中学以该项目为契机，开展了一系列以情感教育思想为指导的教育教学实践改革，这些既是对学校已有的"诚信教育"德育品牌和"三单(基于课堂的活动单、基于作业的自助单、基于问题的互动单)"教学品牌的传承和发展，同时也与田家炳基金会"共创成长路"项目相互联系、相互促进，彰显学校文化的特质和情感文化追求的方向。

学校通过落实和推进学习，了解情感教育理论内涵，从小范围骨干的学习逐渐推进到面向全体的培训、学习，活动形式包括参加项目组培训和研讨、赴京组织假期培训、校内培训、工作坊活动等。学校通过建立研究团队，先后确定管理团队、核心组、种子教师、校级课题主持人等类别的研究团队成员，继而分领域、有重点地依次推进相关实践，包括课堂教学、德育活动、环境建设、学校管理、教师情感素养提升等。具体包括：

第一，建立学校情感文明联盟，围绕情感德育研究和实践申请相关课题，探索实践机制。

学校通过承办国家级、省级、市级学术研讨会，与"种子校"北京

---

① 本部分作者系张弛、范小江。

中学交流互动,与田家炳系列学校互动,与情感专委会成员学校以及与情感文明学校(ECS)项目的成员学校之间互动,借每年一次的市级公开课活动,研讨和实践具有情感特质的学科课堂,从被辐射逐渐向外形成辐射。

学校通过一系列相关的研讨、工作坊等形式,形成情感德育实践的中学常态机制。一是开展读书活动。从理论到现场,将理论与日常学校工作结合起来,在现场寻找理论的价值,焕发理论的生命力。二是开展情感素养提升活动。依托一些在学校开展的培训、研讨活动,邀请相关专家进行情感素养提升方面的体验、互动活动。三是开展学校情感化管理研讨活动。各分管口子的责任人、学校教师都可参与,围绕学校环境建设、制度建设进行广泛研讨。参与的渠道包括教代会、工会小组、学科活动等。四是开展休息、漫谈、健身活动。为广大教师提供适合相应活动的场所。五是研究如何恢复和启发人的灵性。人的本性为善,至诚也能感通,需要渐进培养。

第二,建设情感教育环境,通过课程和课堂载体,开展情感德育实践活动。

构建具有情感温度的校园情感场。在校园环境建设中,学校从整体到局部均进行精心规划,让情感因素时刻围绕在学生身边,让校园处处有情,学生时刻触景生情。

在建设滋养心灵的德育课程方面,一是学校开展诚信建设。积极情感的培养要经由行动。自 2009 年至 2012 年年初,学校开始把"诚信"纳入德育体系。以"诚信雨披"为开端,又渐次推出了"诚信超市""流动图书馆""就餐自主刷卡""学唱诚信之歌"等 12 个诚信建设项目,形成了丰富完善的德育活动体系。二是学校进行"共创成长路"课程共进。结合实际,整合资源,选聘人员组成核心团队设计并确定课题。该校强调全员体验式,师生在体验中滋润心灵、涵养性情。还可以通过网络同步推送给其他教师和家长群，将积极情感的正能量传播出去。三是学校开展仪式课程。道德情感教育要把握情意感通机制和需求冲突机制，让学生在情感场的氛围中，积累道德情感的感受和体验，从而使道德情感得到内化和升华。人的生命各阶段都有德育的独特主题和方式。

在构建关注生命成长的学科课堂方面，学校积极探索"情感—交往"型课堂建设，这种课堂不把教学技巧的掌握或知识传授的高效性作为重点，而是希望建成一种融合情感教育、课程育人、情感德育和教师情感素质提升为一体的课堂。让课堂充满生命、生活气息，师生进行着富有活力的互动，教学过程不以过度的负性情绪为代价去满足短暂的认知结果、分数和升学成就，而是注重知识掌握与生命成长的共进。在"情感—交往"型课堂教学活动中，师生之间、生生之间不仅有认知和情感方面的交流，还有不经意的人际交往。让课堂拥有"良性情感循环"的目标得以实现。

（二）北京中学的教师情感人文素养提升实践

以情感教育理论思想辐射带动教师教育改革早在 20 世纪八九十年代就已经开始，从师生双方情感生命的发育及质量考察教育一直是情感教育的重要观点，因而，将教师的情感品质与情感人文素质作为实施生命情感教育、素质教育，引领教师专业发展的"内质性"条件也是情感教育理论在教师教育改革实践中的重要方面。2014 年开始，朱小蔓领衔主持的关于教师情感表达与师生关系构建的课题，旨在全面理解和建构学校生活中的师生关系，特别强调课堂教学中师生关系的建构。其中，北京中学作为项目首批"种子校"，自 2014 年 9 月项目团队进校开始，在 3 年的项目实施与观察期间共进行了 13 次课堂观察及教学研讨活动，试图从课堂教学的实际生态着眼，对充满情感人文关怀的课堂进行描述，并找到对教学进行情感性观察的切入点，最终目的是帮助教师观察和反思自己的课堂教学，在课堂教学中建立和学生的关系，建构情感人文性课堂，使得教师和学生在课堂教学的发生过程中因为相互的交往关系而得到心灵滋养，促进学生的自主学习和教师的自觉成长。

在北京中学进行的 13 次课堂观察及教学研讨活动，涉及道德与法治、语文、数学、地理、英语和美术等多门学科，授课教师有从教多年、经验丰富的特级教师、骨干教师，也有入职不久的新教师，教学班级以六、七、八年级为主。参与课堂研讨的有授课教师、其他自愿参加的教师、北京师范大学项目组的教师和研究生以及北京师范大学部分访问学者等。尽管课堂观察涉及文科、理科及艺术类等不同学科，教师的授课经验差异也很大，但这些致力于在教学中提升师生情感素养、提升课堂教学的人文性的课堂，具有很多共性。每次课堂观察结束后，都会进行 2～3 小时的研讨，研讨强调不进行课堂评价，即不对教师的具体教学技巧和教学表现进行评价，而是就课堂教学中实际发生的情形进行描述、质疑或点评，以期挖掘其中隐藏或显现的情感人文特性，丰富和完善"情感交往型课堂观察指南"，为指南的创编积累第一手实验课例。

项目组在北京中学还开展了教师叙事工作坊、身体表达工作坊等活动，并在青年教师群体以及其他完全自主自愿参与的教师中开展阅读《非暴力沟通》《教学勇气》和《孩子王》的观影工作坊交流活动。这些人文性的沙龙活动，促使教师对自身情感的理解和表达方式进行反思，促进了其进一步深化理解北京中学倡导的师生交往方式，使得教师学会在识别学生情绪情感时尽可能避免一些"先入为主"的错误，学会如何更好表达自己的情感和如何应对学生的情感需求，从而提高自身的情感素质和人文素养。

北京中学承接了项目推广校的 11 位"影子教师"的第一期结对学习、交流活动，这些活动让教师们了解到有"情感温度"的教师表达与师生关系构建应如何做。让教师们与关于教师情感表达与师生关系构建的项目在北京中学培养起的"种子教师"结对学习，观察"情感—交往"型课堂中教师与学生、教师与教学资源、学生与学生的关系，以提高其在教育教学中的情感表达能力。

三、高校的情感教育课程建设与教学实践[①]

对于未来的教师而言，让他们在职前学习中了解和掌握一些情感教育的相关知识，形成情感教育的意识以及提升情感教育能力是高校教师教育课程理应实现的基本目标。近年来，在一些高校的教师教育课程和师范生培养中，也开始开发情感教育相关的专设课程或者以情感教育为主题的讲座，在帮助培养师范生情感素养，并引领师范生进行情感教育研究方面，发挥了一定的作用，是情感教育思想在高校课程建设和人才培养中的重要实践。

(一)情感教育专设课程建设与教学实践

2013 年春季，马多秀和王慧在宝鸡文理学院申请并开设了"学校情感教育的理论与实践"课程。

1. 课程基本内容

该课程共包括 10 部分的内容，紧紧围绕学校情感教育展开论述和分析，包括学校情感教育的重要性、学生情感发展的年龄特征、学生情感发展与道德成长、教师情感素养的养成，还有作为学校情感教育资源的学科教学、生命叙事、学校管理和校园环境等运用问题，以及国内外专家学者的情感教育理论与实践等，构成了一个基本完整的课程体系。

2. 课程的实施

"学校情感教育的理论与实践"课程属于公共选修课，每周上 2 课

---

① 本部分作者系马多秀、王慧。

时，一学期是 34 课时。自开设这门课程以来，有 800 多名大学生选修了该课程。

本课程是通过课堂教学途径实施的。课堂教学过程中采用的教学方法主要包括讲授法、讨论法、叙事法等。讲授法主要用于基本概念和观点的分析和阐释，目的在于让学生获得相关的基础知识。讨论法主要用于让学生围绕某一个问题进行思考和陈述各自的观点，形成对该问题的理解和认识，比如围绕某一社会事件展开讨论。叙事法主要通过让学生讲述自己成长中经历过的故事的方式，引导学生反思和体悟其背后隐含的教育意义。在课堂教学过程中，教师应始终坚守理论联系实际的教学原则，把深奥难懂的理论通过生动鲜活的案例呈现和说明出来，增添课堂的生动性和趣味性。

(二)情感教育专题研究及学习的课程与教学实践

自 2016 年起，天津师范大学初等教育学院开始在"教师职业道德"与"教育前沿讲座"两门课程中开设情感教育专题。

课程内容主要来自朱小蔓的相关著作和论文，及其思想来源、理论基础，兼有一同研究情感教育的国内外学者的相关研究内容，主要包括《与世界著名教育学者对话》《情感教育论纲》《情感德育论》等书的内容。

在针对小学教育专业本科生的"教师职业道德"课程中，学校开设三个主题，涉及教师的职业道德修养在职场中的成长，例如何为教师道德、教师道德与教师情感的关系等；教师在教育情境中的情感修养，例如关怀、公正、愧疚等教师情感；教师的情感表达，例如人的情感的生理基础，教师的情感表达内容、方式和时机等。已有相关研究表明，中国人的情感能力构成中，情感表达能力较为欠缺。学生对于课程内容中情感表达部分的兴趣也明显最为浓厚。

学校在针对小学教育专业的研究生课程"教育前沿讲座"中开设"情

感教育研究"主题，内容涉及情感教育的国际状况，例如英国的皮特·朗、美国的戈尔曼等人的情感教育理论与实践的状况；当代中国情感教育思想的状况，如朱小蔓脱胎于哲学的情感教育思想、卢家楣基于心理学的情感教学研究等；教师的情感表达能力及其培养，包括以教师的情感文明素养为核心的教师情绪情感的识别、调试和表达能力等内容。

四、基于社会情感的区域德育一体化实践[①]

济南市天桥区从 2016 年开始尝试基于社会情感下的德育一体化研究，以学生情感需求为主体，以"德育教学一体化研究，幼小中学段教育内容一体化衔接，德育活动、德育课程、德育评价一体化开展，学校、社会、家庭、网络一体化构建"四大维度为具体内容。该区通过纵向衔接和横向沟通，开展小学情感教育课程建设探索。

(一)德育教学一体化实践

该区着力解决德育、教学两张皮的问题，将立德树人融入各学科教学之中，根植于学科核心素养，紧密结合学科教学内容，将德育、智育、体育、美育有机融合，从学科教学向学科教育迈进。济南市天桥区教育教学研究中心注重从情感维度出发指导学生学习活动，以教学过程中三个重要的因素——动机、情境、理解为基本线索，开展情感教学研究；注重创设温馨和谐的课堂软环境，将"有趣的故事、生动的实验"引入课堂中去，激发学生的学习动机；提醒教师关注课堂表情、语言、体态姿势等情感信息，引导学生从爱老师、爱同学、爱学校迁移到爱学习、爱学科中来。

(二)幼、小、中德育一体化衔接

该区从尊重人的情感发展的内在时相运动规律出发，针对学生不

---

① 本部分作者系亓连喜。

同年龄段特点，明确不同阶段学校教育的使命和责任，找寻各学段育人工作的目标、任务、方法、途径，把握教育关键期，促进德育工作的整体化、序列化、层次化，增强育人工作的针对性和时效性。

该区将安全感、归属感和依恋感培养作为幼儿教育的重点，为幼儿搭建和谐温馨的教育环境，让幼儿从入园第一天起，就感受到老师可亲、同伴可爱。同时幼儿园教师通过多种活动，让幼儿在早期生活中获得仁慈、善良、友谊、分享、尊重等社会生活的感受和体验，让他们从小学会尊重他人、理解他人、体谅和关怀他人。2012年该区启动儿童乐园创建工作，从创设幼儿喜欢的环境出发，设计幼儿喜欢的多种游戏，将道德情感教育渗透到幼儿一日生活之中，开展欢度国庆、手工制作等多种活动，促进幼儿快乐成长。

小学阶段主要开展行为习惯养成教育，侧重基本社会公德、家庭美德的培养。基本课程内容包括：自理能力教育、生命安全教育、行为习惯教育、生活常识与规则教育、劳动与节俭教育、集体意识教育和传统美德教育。高年级初步开展心理健康教育、现代礼仪教育、网络道德教育和爱国教育。同时，将自我认同和尊重感、关怀感、学习勤奋感作为情感目标，设计由浅入深的系列教育活动，让儿童在感受到父母和老师的关爱的同时，学会用行动表达自己对父母、老师的爱，从中体验到爱的可贵。如一年级的"爱父母"活动、二年级的"爱老师"活动、三年级的"爱班级"活动、四年级的"爱自然"活动、五年级和六年级的"爱家乡"活动。孩子们在递进的活动中，从情意感通到道德教化，最终达到品质内化。

初中阶段主要开展价值感知教育，侧重社会公德、社会规则意识和基本法制观念的培养。基本课程内容包括：中华民族优良传统和美德教育、公民意识和法治教育、基本国情和时事教育、青春期卫生常识和心理健康教育、网络道德教育与人生规划。初中阶段的学生正处于儿童向青年过渡的时期，身心状况发生着改变；在道德情感发展上，他们对老师的爱由盲目转向自觉，同学关系、人际交往突破单项从属与依赖，转向双向互助、互爱的尊重。在此阶段，该区将爱的教育和美德教育结合起来，让他们用美的规律来塑造美的心灵和美的形象，使真挚友情升华为深厚的体验，最终成为鼓舞他们一生的精神动力。

(三)德育活动、德育课程、德育评价的一体化实践

该区为学生创设实践活动机会，包括校内德育实践、校外教育体验等，在活动中激发学生主体的内在动机、内在生命体验，让个体处在真实的关系中，不断产生、积累、孕育情感经验，发展美德。完善中小学生德育评价指标体系，注重道德认知与道德行为相统一，建立学生成长档案，重视学生道德成长过程的客观记录。改进教育评价方式，邀请家长、班主任、成长导师、社区力量等多元群体参与到评价中来。

(四)构建学校、家庭、社会教育一体化网络

该区为进一步加强学校、教师与学生家庭之间的联系，构建了以学校为主体，家庭和社区密切参与的新型德育协作机制，建设了全方位、立体化、开放化的德育工作网络。该网络吸收优秀班主任、心理教师、一线德育工作者、家长委员会委员积极参与，加强了对学生学习、生活、心理、交友、活动等方面的指导，加强了对单亲家庭子女、孤儿、贫困家庭子女、残疾儿童、留守儿童和流动人口子女的教育服务工作。学校、家庭、社会教育一体化网络的构建，可实现三方共育，教育不再仅仅是学校的事情，而是学校、家庭、社会三方共下的一盘棋，从而实现共同育人。

五、中小学引导家庭开展情感教育的实践探索[①]

近几年来，南通大学情感教育研究所与南通市经济开发区实验小学、江苏省南通田家炳中学合作，开展了引导家庭开展情感教育的实践探索。该实践以推动家庭教育复归情感教育本位为导向，以系列化的活动指导为抓手，不断增强家长的情感教育意识，持续帮助家长提升家庭情感教育水平。

(一)中小学引导家庭开展情感教育的目标和内容

第一，以央视家庭情感教育剧《镜子》等为案例，从正反两个方面，论述家庭情感教育的重要性，同时分析当前家庭情感教育存在的问题及其原因，据此提升家长对情感教育的价值认知，激发家长开展家庭情感教育的动机。

第二，通过生动的案例引导，帮助家长了解家庭情感教育的基本目标及相应的教育方法。其目标主要包括：满足孩子的情感需求、促进孩子形成各类正向情感、引导孩子安顿与处理好负向情感、提升孩子的情绪和情感控制能力。

第三，引导家长明晰不同学段孩子的情绪、情感特点，以及孩子在该阶段可能出现的典型情绪问题，并提供应对孩子情绪问题的方式和方法。

第四，帮助家长厘清父母在家庭情感教育中的不同角色分工，尤其强调父亲对于孩子情感发展的重要意义，并给出父母双方开展情感教育的操作性建议。

第五，引领家长认识到夫妻关系对于孩子情感发展的特殊价值，让家长了解到夫妻情感交往的基调与模式不仅决定其子女当前的发展，还将影响其子女未来的恋爱与婚姻。借由这种引导，可以提升家长构

[①] 本部分作者系徐志刚。

建良好夫妻关系的意识。

（二）引导家庭开展情感教育的路径与方法

家长不像学校教师一样系统地学习过情感教育的理论与方法，因而学校可以采取便捷、切实的方式，增强家长的情感教育动机，助力家庭提升情感教育活动的频次与质量。

第一，为家长提供家庭情感教育的专业培训。依据上述中小学引导家庭开展情感教育的内容，团队设计与开发了相应的专业课程。基于家长参与学习的可能性，采取了点面结合的方式进行。"点"的方式分为两类。一是每学年的上学期利用周末的半天时间，分年级开展面对面的讲座活动，帮助家长了解家庭情感教育的要点与方法，讲座的主讲人为高校教师以及该年级参与课程研发的教师。二是每学年的下半学期分年级开展一次体验性的家长成长课程，由各班主任执行。团队认为，情感是关系中的体验，体验式活动的效果远胜于说教。为此，团队设计了不同类型的家长体验式课程，其中最常见的体验方式便是让家长扮演孩子的角色，让家长在现场即时体验错误教养的方式给孩子造成的内心痛苦。家长反映，他们不仅当场受到感动与震撼，今后在面临类似的情境时，也会及时提醒自己采取适切的行为，避免对孩子造成伤害。"面"的方式指的是利用微信平台，每周向家长发布家庭情感教育的相关文章，家长可以利用碎片化的时间开展持续的学习活动。文章一部分是实践团队教师的原创文章，另一部分则精选自期刊或网络。

第二，家长参与学校和班级的情感德育活动。两所实践学校经常会组织"10岁成长礼""青春仪式""诚信仪式"等情感性德育活动，这些活动都邀请家长参与。每次活动前，学校一般都会安排学生结合活动主题，提前给家长写一封信，通过信件的方式，说出自己平时想向父母表达却难以道出的心声。在仪式上有一个重要环节：所有学生在活动现场把自己的信当面交给父母，父母当面阅读信件。

学校还会开设学生情感素养课程，这些课程的对象是学生。家长参与这一课程的方式有两种：一种是家长进班听课，一种是教师将课堂精彩片段的视频在班级家长群播放。在这类课堂中，学生会道出自己害怕、焦虑、沮丧等各类情绪以及产生的原因，家长借此可以更好地了解孩子的情感世界。同时，这些课程还会教授学生应对这些情绪的方法，家长亦可从中获得启示，以提升自己的情绪能力。

第三，为家长提供家庭情感类活动指导。一是文化旅游类活动。父母在寒暑假带着孩子饱览山水之美，同时在外出过程中体会彼此相互关怀的温暖亲情。其中的活动线路安排、物品购买等活动，既可以让孩子感觉到尊重，又可以让孩子学会调节自我需求。二是影视欣赏类活动。影视剧本身蕴含着丰富的情感元素，可成为家庭情感教育的有效资源。亲子共同观赏影片，可跟着剧中人物一起哭，一起笑，一起面对生命的困境与选择。这一过程既可增进孩子对人世间丰富情感的体悟，亦可借由讨论分享增强亲子之间的情感理解。三是看望老人的行动。"孝悌也者，其为仁之本与"，逢节假日，父母带孩子看望老人，也是情感教育。父母成为孝顺的榜样，有助于促进孩子形成孝心。一个人有孝心，能够爱家人，才能爱他人、爱学校、爱家乡，并推及爱社会、爱国家、爱自然。

六、情感性班集体的理论与实践探索[①]

我们从情感教育的角度对以往班集体建设中的认识误区、实践误区等进行新的思考，提出"建设情感性的班集体"的理念，这是情感教育思想在班集体建设中的实践探索。

---

① 本部分作者系王慧。

(一)在国家课程标准和教材方面渗透班集体建设的新理念

在朱小蔓担任主编的七年级教材《道德与法治》中的"在集体中成长"单元中，设置了"集体生活邀请我""集体生活成就我"等学习内容，既强调人有归属感、安全感和集体荣誉感的情感需要，同时突出"美好集体有我在"，强调美好集体具有"共同的愿景"，学生需要认同正确的价值观，美好集体应有民主、开放、公正等"良好的氛围"。这一设置和考虑使得班集体建设在培养人的独立性与个性方面取得了不少新的拓展和实践影响。

(二)从情感教育的角度阐述班集体建设的理论

例如，朱小蔓的《班级管理与班主任的"情感—人文"素质》《班集体教育漫谈：情感关怀的视角》，王慧的《论融合正义与关怀的班主任管理》等，都呼吁一种新的集体主义教育的范式，强调班主任对班级的管理应当符合伦理要求，具有坚实的价值基础，呼唤关注心灵成长的教育。但总的来说，我国现行教育在处理个体取向与整体取向以及两者辩证关系方面仍然在认识上存在一定的偏颇和盲区。

(三)开展以情感教育思想为指导的班集体建设实践活动

在中国陶行知研究会的支持下，2015 年成立了以唐云增为名誉会长、吴盘生为会长的二级分会"苏霍姆林斯基研究专业委员会"（以下简称"苏专会"）。苏专会在国内率先提出"情感教育与班集体建设"的研究方向。

该研究方向具体包括以下十个大的研究课题：班主任情感人文素质提升的研究、班集体建设中学生情感品质的培育研究、情感性班集体建设中的活动研究、情感性班集体建设中的交往研究、新媒体环境下的情感性班集体建设研究、情感性班集体文化建设的研究、班级中特殊群体的情感关怀研究、情感性班集体建设中的管理与服务研究、情感性班集体建设中资源的整合研究、情感性班集体建设中的评价研究。每个研究课题下又分为若干个子课题，供不同条件的实验校和实验班级选择。

实验主体主要以中国陶行知研究会苏霍姆林斯基研究专业委员会的实验区和实验校为主，例如北京实验区、天津静海实验区、南京江宁实验区、浙江金华实验区，江苏省无锡市天一实验小学、广西壮族自治区柳州市箭盘山小学、江苏省怀安市清江浦中学等。

经过几年的实验，研究成果初步呈现。例如，四川省成都市大邑县北街小学的"情趣教育"模式、天津刘云霞老师的情感性班集体建设——"士气班"、江苏省南京市将军山小学潘勇老师的"小将军班"等。四川省巴中棠湖外语实验学校的孙晓辉和黄光成主编的《修身班会课教师用书》已经出版，他们从学生的实际出发，运用"道德叙事法"和"学生担当法"，经过10多年的实践，设计了一系列修身班会课。在北京实验区和苏专会专家的共同努力下，《情感性班集体建设》一书也已经出版，该书以北京实验区情感性班集体建设的经验为依托，从班级的管理与服务、课程与活动、文化与生态、资源与支持、省思与成长五个方面展开论述，展现了具体案例和案例的理论分析。此外，其他地方的很多成果也即将出版。

除了"情感性班集体建设"的实验之外，苏专会还开展了优秀班主任的"领跑者"系列活动。截至2018年9月，共有42位领跑者参与活动。他们都是优秀的班主任，对情感教育具有一定的理解，且制订了领跑者的成长计划，他们在班集体建设中以情感教育为理论指导，以某一情感为核心概念，在班级中凸显情感的要素。

七、情感教育在初中《道德与法治》教材编写中的实践①

2012年3月，教育部基于新修订的2011年版课程标准，启动编写

---

① 本部分作者系钟晓琳。

一套新的初中《思想品德》(后更名为《道德与法治》)教材，委托朱小蔓为教材总主编。在连接国家发展、社会进步要求与个体发展需求时，个体的情感需要、情感经验、情感状态，其是否能通达社会对个体的情操期待等，也是教材编写中所关注的一个重要方面。

(一)注重体验学习方式，关注情感经验的引入和扩展

教材编写认同体验学习的意义和价值，在处理比较抽象的学习主题时，首先是让学生以对内容的情动—感受作为学习的基础，每一节课的内容设计均从"运用你的经验"这一学习栏目开始，希望让学生在学习之初就带入已有的生活经验，关注学生在经验中获得的情感体验；同时，教材在设计其他活动栏目的内容时，也有意识地让学生的讨论、探索先从个人的感受开始，再与他人的不同经验进行碰撞，最后是反思个人感受和自我探索。

(二)关照支撑初中学生生命成长的重要情感体验

教材编写特别强调要关照到支撑学生生命成长所需的基础性情感。在初中阶段，要注意支持学生体验到自我悦纳感、有力感、友爱感、归属感、胜任感、秩序感、责任感、集体荣誉感、正义感等。此外，适度的紧张感、焦虑感、挫败感、羞耻感等，虽然伴随着负性情绪体验，但对初中学生正向、积极的发展也具有意义。教材编写有意识地在内容设计中融入了对这些情感体验的要求。

(三)关注学生的情感发展状态，直面学生的心灵冲突

教材编写特别关注学生内心的冲突，承认、接纳学生可能携带这些负面的情感经验，不把它视为课程学习的障碍，认为教育教学不能回避它，要直面它。教材希望引导学生自愿、真实地表达这些负面的情感经验，希望带领学生积极地讨论它，引导学生在人与人之间经验的不断共享、辨析、共认中，情感发展走向否定之否定的螺旋式上升之路。每一课内容在考虑立意、整体设计时，都会反复追问、研讨学

生在现实生活中可能遭遇的冲突点。此外，在选择教材内容时，也尽可能纳入一些直面矛盾冲突的内容设计。

(四)将"情感"作为一个生活学习主题纳入教材内容

教材在七年级下册第二单元"做情绪情感的主人"中，在"情绪"主题的基础上进一步扩展到"情感"主题，形成第五课"品出情感的韵味"。这是此次教材编写的一个较大突破：将过去的主要局限于品德心理的情绪学习内容，扩展到具有哲学、伦理学视角的情感学习，即将认识人的情感及其发展作为认识自己，处理与己、与人关系，促进个人精神发育的学习内容。对于这一内容主题，教材主要设计了两个部分：一是引导学生认识"情感"，即将人的情感作为认识对象来学习；二是引导学生在行动中获得情感发展和成长，具有实践导向。

图书在版编目（CIP）数据

朱小蔓文集/朱小蔓著. —北京：北京师范大学出版社，2023.8
ISBN 978-7-303-28957-8

Ⅰ.①朱… Ⅱ.①朱… Ⅲ.①教育学—文集 Ⅳ.①G40-53

中国国家版本馆 CIP 数据核字（2023）第 092316 号

图　书　意　见　反　馈	gaozhifk@bnupg.com　010-58805079
营　销　中　心　电　话	010-58802135　010-58802786
北师大出版社教师教育分社微信公众号	京师教师教育

出版发行：北京师范大学出版社　www.bnup.com
　　　　　北京市西城区新街口外大街 12-3 号
　　　　　邮政编码：100088
印　　刷：北京虎彩文化传播有限公司
经　　销：全国新华书店
开　　本：787 mm×1092 mm　1/16
印　　张：133.25
字　　数：1630 千字
版　　次：2023 年 8 月第 1 版
印　　次：2023 年 8 月第 1 次印刷
定　　价：980.00 元

策划编辑：冯谦益	责任编辑：冯谦益
美术编辑：陈　涛　焦　丽	装帧设计：陈　涛　焦　丽
责任校对：段立超　王志远	责任印制：马　洁